HERAUSGEGEBEN VON
ELKE UND DIETER LOSSKARN

ALPEN
EDITION UNTERWEGS

MOTORRAD
Europas größte Motorradzeitschrift

ALPEN

EDITION UNTERWEGS

Motorrad-Bergtouren in Frankreich,
Italien, Österreich, Slowenien und der Schweiz.

Von Elke und Dieter Loßkarn

Motor
buch
Verlag

IMPRESSUM

Konzeption und Einbandgestaltung: Elke Loßkarn.
Fotos: Elke Loßkarn, außer Seite 94: Josef Seitz.
Texte: Dieter Loßkarn.
Karten: Elke Loßkarn/ Mairs Geografischer Verlag.
Titelfoto: Grödner Joch.

Eine Haftung des Autors oder des Verlages und seiner Beauftragten für Personen-, Sach- und Vermögensschäden ist ausgeschlossen.

ISBN 3-613-01592-7

6. Auflage 1997

Satz: Alber Fotosatz GmbH, 74385 Pleidelsheim.
Reproduktionen: DIE REPRO, 71732 Tamm.
Druck: Studio-Druck, 72622 NT-Raidwangen.
Bindung: K. Dieringer, 70839 Gerlingen.
Printed in Germany.

INHALT

BERG-WERK

Auf unseren zahlreichen Touren durch die Alpen haben wir zwischen dem slowenischen Mangartpaß im Osten und dem französischen Bonette-Paß im Westen die schönsten Motorrad-Bergtouren für Sie entdeckt und im vorliegenden Buch beschrieben.

Da die Aktualität eine wichtige Rolle bei so einem Reiseführer spielt, packen wir unsere Motorräder natürlich alle Jahre wieder, um nachzuprüfen, ob beschriebene Strecken noch befahrbar sind, oder die aufgeführten Wirtsleute Motorradfahrer immer noch gerne sehen. Trotzdem sind wir bei Neuauflagen – sie halten übrigens die mittlerweile 6. seit 1992 in Händen – auf Ihre Hilfe angewiesen. Viele Leser versorgten uns in den letzten Jahren erfreulicherweise mit Tips zu Strecken und motorrad-

freundlichen Gasthöfen. Alle Informationen sind ins neue Alpenbuch eingeflossen. Die Einsender sind auf Seite 4 namentlich genannt. Vielen Dank. Wer uns schreiben möchte, wendet sich an: Elke und Dieter Loßkarn,
Motorbuch-Verlag, Postfach 103743, 70032 Stuttgart.

Auf vielen tausend Kilometern, die wir in den letzten Monaten in den Alpen unterwegs waren, sind uns so viele neue und tolle Strecken unter die Räder gekommen, daß wir uns entschlossen haben dem Wunsch vieler Leser nachzukommen und einen weiteren Alpenband zu verfassen. Ab sofort gibt es also neben dem bewährten alten ein neues Bergbuch, mit Touren in der Steiermark, in Kärnten, in Friaul, im Allgäu, in Oberbayern, in der Schweiz und in den französischen Alpen. Der vorliegende Band 1 stellt neun Gebiete vor. Jedem Kapitel folgt eine Skizze samt exakter Routenbeschreibung mit Paßhöhen zur Orientierung. Diese muß für die Tour durch die angegebenen Landkarten ergänzt werden, sonst haben Sie wenig Chancen die manchmal winzig kleinen Strecken zu entdecken. Nach der Routenskizze sind die motorradfreundlichen Übernachtungsmöglichkeiten im Zielgebiet aufgelistet. Bei den meist kleinen Häusern ist eine telefonische Voranmeldung ratsam.

Wie in den Auflagen zuvor möchten wir zum Schluß alle Alpenfahrer bitten in der Nähe von bewohnten Gebieten betont defensiv zu fahren, Pisten und Straßen nicht zu unverantwortlichen Off Road-Eskapaden zu verlassen und eventuelle Wanderer nicht zu erschrecken, sondern freundlich zu grüßen. Wir haben festgestellt, daß Motorradfahrer in den meisten Gebieten der Alpen recht gut angesehen sind. Sorgen wir dafür, daß es so bleibt und wir weiterhin in wunderschöner Landschaft Motorrad-Wandern können.

Viel Spaß auf Bergen und Päßen wünschen

Elke und Dieter Loßkarn
Frühjahr 1997

AUF EINEN BLICK

Hotelpreise ändern sich schnell, außerdem variieren sie von Saison zu Saison. Deshalb sind im Buch nur Preiskategorien angegeben. Bei der Reservierung können Sie dann nach den genauen Kosten fragen.

Preiskategorien (Übernachtungen pro Person, mit Frühstück):

●	bis	40 Mark
●●	41 –	60 Mark
●●●	61 –	75 Mark
●●●●	81 –	100 Mark
●●●●●	über –	100 Mark

Jedes Kapitel besteht aus einer Reportage, der eine Karte mit der gefahrenen Route folgt. In der Karte sind die motorradfreundlichen Unterkünfte mit einem Bett-Symbol gekennzeichnet. Im Anschluß an die Routenskizze folgen die Adressen und Preiskategorien dieser Gasthöfe, sowie weitere wichtige Informationen.

Für die Angaben zu den Hotels und die Befahrbarkeit bestimmter -Pisten und Straßen können wir keine Gewähr übernehmen. Wenn sich etwas geändert hat, oder falls Sie neue, motorradfreundliche Hotels, Gasthöfe und Campingplätze auf Ihren Alpen-Touren entdekken, schreiben Sie uns bitte unter:

Motorbuch-Verlag
c/o Elke und Dieter Loßkarn
Olgastraße 86
70180 Stuttgart

Selbstverständlich werden alle Einsender in der nächsten Auflage des Alpen 1-Bandes namentlich genannt.

Folgende Symbole finden in den Karten und Info-Teilen Verwendung:
Folgende Symbole werden in den Karten und Info-Teilen verwendet:

Karte — **Sehenswert**
Route — **Adressen**
Übernachten — **Extra-Tip**

AUF EINEN BLICK

1 VORARLBERG

2 NORDTIROL

3 OSTTIROL/SALZBURGER LAND

4 SÜDTIROL

5 DOLOMITEN

6 GRAUBÜNDEN/OSTSCHWEIZ

7 TRENTINO/LOMBARDEI

8 SLOWENIEN

9 FRANZÖSISCHE ALPEN

Beschaulich: Fahrt von Buchboden nach Fontanella

KLEIN, ABER FEIN

Österreichs kleinstes Bundesland bietet sich als ideale Einsteiger-Tour in die Alpen an. 85 Prozent der Gesamtfläche entfallen auf Bergland, das langsam ansteigt und mit der Silvretta-Alpenstraße seinen Höhepunkt erreicht

VORARLBERG

DORNBIRN
BÖDELE
SCHWARZEN-
BERB

Wer Mitte September seine Motorradtour im Bregenzer Wald startet, muß viel Zeit mitbringen. Schon seit der Zeit, als Dämonen und böse Geister im Volksglauben eine große Rolle spielten, wird das Vieh an diesem Tag von den Hochalmen hinunter ins Tal getrieben. Hunderte von Kühen verstopfen dann die Straßen, ihre fladenförmigen Ausscheidungsprodukte verwandeln die Fahr- in Rutschbahnen. Also besser das einmalige Schauspiel ohne Motorrad genießen.

Kuhl and the Gang: Almabtrieb im Bregenzer Wald

Aufgrund der bösen Geister galt der oft kilometerlange Weg von den geschützten Hochalmen zum sicheren Stall als besonders gefährlich. Um die Dämonen zu täuschen, haben die Hirten das Vieh sowohl beim Auf- als auch beim Abtrieb mit Grünzeug und

Aufgebuscht: Hirten-Junge

Blumen getarnt. Das Schmücken wurde bis heute beibehalten. Aufkranzen oder Aufbuschen heißt das hier in der Gegend. Latschen, grüne Zweige, kleine Bäumchen, oft kunstvoll zu einer Krone zusammengebunden, bunte Bänder und Spruchtafeln (»Ich komme aus den Bergen«) zieren die Kuhköpfe. Die Leitkuh trägt immer den schönsten Schmuck.

HUNDERTE VON KÜHEN VERSTOPFEN DIE STRASSE NACH SCHWARZENBERG

Mitten in Schwarzenberg empfangen Bauern und Bäuerinnen, viele in ihrer traditionellen Tracht, das Alp-Personal. Die Hüte der jungen Hirten sind mit Mojen geschmückt, Kränzen aus Blumen oder Zweigen. Der Oberhirte treibt das Vieh mit einem großen Holzstock zu seinen jeweiligen Besitzern. Ganz genau kennt er jedes einzelne

Kuhl down: lockere Abtreibungsgesetze in Vorarlberg

DIE HÜTE DER JUNGEN HIRTEN SIND MIT KRÄNZEN AUS BLUMEN UND ZWEIGEN GESCHMÜCKT

Rind, lautstark brüllt er die Namen der Kühe und ihrer Besitzer. Dann machen sich zwei, drei junge Männer daran den Milchlieferanten die gigantischen Glocken abzunehmen. Wenn sie die Kühe dann so im Würgegriff haben, erinnert das schon ein bißchen an amerikanische Rodeos.

Am 16. September ist dann wieder Gelegenheit Motorrad zu fahren. Das Bödele ist sozusagen der Einstiegspaß in die Vorarlberg-Tour. Eine zum Glück nicht besonders breit ausgebaute Bergstraße, die von Dornbirn nach Schwarzenberg, einem historischen Dorf mit vielen schindelverkleideten Häusern und einem gut erhaltenen, denkmalgeschützten Dorfplatz führt.

Romantisch: Frühstück im Hirschen

Mitten in Schwarzenberg steht der holzbarocke Gasthof Hirschen, der nach einem Brand, 1755, wieder neu aufgebaut worden ist. Behutsam und stilvoll restauriert, ist das Haus heute ein romantisches Hotel. Die Küche befriedigt auch verwöhnte Gaumen. Und selbst triefend nass, wird der Motorradfahrer immer freundlich empfangen.

Wer es etwas günstiger mag, übernachtet gleich direkt auf der Paßhöhe des Bödele, im Gasthof Fetz, den die Schwester des Hirschen-Besitzers führt.

Nach einem reichhaltigen Frühstücksbuffet im »Hirschen« geht es wieder auf die Straße, über Mellau und Au, vorbei an gigantischen Felswänden, auf der »200«, und dann auf der »193« nach Damüls, dem höchstgelegenen Bergdorf im Bregenzer Wald. Die Bergstrecke ist sehr eng, aber in trockenem Zustand ideal zum Kurvenwedeln geeignet.

In Damüls zweigt ein, laut Generalkarte, Schottersträßchen nach Walisgaden und zur Damülser Mittagsspitze ab. Aber der Spaß endet leider bereits nach einem Kilometer an einem Fahrverbotsschild mit drastischer Strafandrohung: 10 000 österreichische Schilling bei Weiterfahrt. Nein, danke. Dafür sieht der Gasthof nebenan, mit

Kitschig: der Andenken-Kiosk am Furka-Paß

seinem Biergarten, recht einladend aus. Auch das Schild, das hier hängt, verspricht Erfreulicheres: »Lebende Forellen«.

Damüls ist eine Siedlung der Walser, deutsche Zuwanderer aus dem Wallis, die im 13. und 14. Jahrhundert in dieses Gebiet kamen.

Das und noch einiges mehr erfahren wir auf der Paßhöhe des 1761 Meter hoch gelegenen Furkajochs. Der Verkäufer im typischen, kitschüberladenen Paß-Kiosk interessiert sich für unsere Motorräder, wir für die Geschichte der Gegend. Er erzählt uns, daß die Bezeichnung Furkajoch eigentlich Quatsch ist, doppelt gemoppelt. Im Südalpenraum beschreibt der Begriff »Furka« einen hochgelegenen Paß, der wiederum auch Joch genannt werden kann. Furkajoch ist demzufolge ein weißer Schimmel. Exakt definiert müßte der Paß nach dem Tal benannt sein, in das sich die 40 Kilometer lange Bergstraße hinunter schlängelt: »Laternser Furka«. Aber das klingt wohl nicht so gut.

Dafür ist die Aussicht um so besser. Hier auf der Paßhöhe ist

FURKAJOCH (1761 METER)

DIE BERGSTRASSE NACH DAMÜLS IST SEHR ENG, ABER HERVORRAGEND ZUM KURVENWEDELN GEEIGNET

Kehraus: die 25 Serpentinen der Silvretta-Westrampe

es zwar kühl und bedeckt, leichter Regen nieselt uns in die Gesichter, aber tief unten, wo es wärmer ist, im Westen, glitzert der Rhein, am Horizont ist der Schweizer Säntis zu erkennen.

Der Budenbesitzer weiß noch etwas Interessantes: »Vor 20 Jahren, da war die Straße über den Paß noch viel enger und acht Meter höher. Die mußt'n abgraben, um die Straße verbreitern zu können.«

Bei der Abfahrt nach Laterns wird es mit jedem Meter wärmer. Über Rankweil und Sat-

teins erreichen wir Thüringer Berg. In einem kleinen Dorf beobachten wir einen Fassadenmaler, der ein altes Familienwappen von einer Vorlage auf eine Hauswand überträgt.

In Bludenz wabern schwere, süßliche Gerüche durch die Straßenschluchten. Hier entsteht sie also, die berühmte Schokolade im lila Papier. Zu Ehren der aus Film, Funk und Fernsehen bekannten gleichfarbigen Kuh findet gerade ein Kinderfest in der Altstadt von Bludenz statt.

LATERNS RANKWEIL SATTEINS THÜRINGER BERG

Südwestlich von Bludenz öffnet sich das Brandner Tal. Hinter Bürserberg hat man zur Linken einen herrlichen Blick auf die Zimba, einen der schönsten Berge Vorarlbergs. In Brand endet die relativ breite Landesstraße, um Platz zu machen für ein kleines, enges Asphaltbändchen, die mautfreie Schattenlagantstraße, die von der Vorarlberger Illwerke AG gebaut worden ist. Etwa 20 Kilometer von Bludenz

DIE SILVRETTA HOCHALPENSTRASSE IST EINE DER SCHÖNSTEN PASSTRECKEN ÖSTERREICHS

Kurvig:
die Silvretta Hochalpenstraße

Hochalpin: Rettungsring am Silvretta-Stausee

entfernt hört die Brandner Talstraße auf dem Parkplatz der Lünerseebahn-Talstation auf. Kurz davor ist ein netter Berggasthof, mit Tischem im Freien, der zu einer kurzen Rast einlädt. Frische Milch gibt Energie für die nächste Etappe.

Seit 1953 gibt es sie. Eine der interessantesten und landschaftlich abwechslungsreichsten Touristenstraßen Österreichs: die mautpflichtige Silvretta-Hochalpenstraße zur Bieler Höhe. Ursprünglich aus rein wirtschaftlichen Gründen als Straße zur Stromgewinnung gebaut. Heute: ein Motorradfahrer-Traum. Leider in letzter Zeit von zu vielen, vor allem zweirädrigen Heizern als Rennstrecke mißbraucht worden. Deshalb zahlen Motorradfahrer mittlerweile mehr Geld als Autofahrer, was nun wirklich nicht mehr gerechtfertigt scheint. Die österreichische Polizei sollte eigentlich in der Lage sein einzelne Störenfriede herauszuziehen und zu bestrafen. Die drastisch erhöhte Mautgebühr für Motorradfahrer ist diskriminierend und entspricht einer indirekten Strekkensperrung.

An den Maut-Einhebestellen sollte einmal massiv Einspruch erhoben werden. Vielleicht mit einer Massendemonstration von Motorradfahrern.

Die Schönheiten der Strecke erschließen sich am ehesten im Motorradwander-Tempo.

So bleibt genug Muse, um die 25 Serpentinen der westlichen Rampe Stück für Stück zu genießen. Die östliche Abfahrt kommt fast ohne Kehren aus. Mit lediglich zwei Haarnadeln geht Vorarlberg in Nordtirol über. Die Landesgrenze verläuft durch die Paßhöhe, Wasserscheide zwischen Rhein und Donau. Die Gletscher heißen plötzlich Ferner. Sprachgrenze zwischen alemannischem und Tiroler Dialekt.

Nach fünfeinhalb Kilometern auf Nordtiroler Gebiet zweigt links ein Sträßchen zum Zeinisjoch ab, das nach knapp zwei Kilometern wieder nach Vorarlberg zurückführt. Im Alpengasthof Zeinisjoch läßt es sich ruhig und motorradfreundlich übernachten. Die Motorräder schlafen kostenlos in der Scheune. Eine Wanderung rund um den Kopser Stausee ist der ideale Ausklang für diesen Motorradtag.

SILVRETTA-HOCHALPEN-STRASSE BIELER HÖHE (2032 METER)

ZWEI TRAUM-STRASSEN FÜHREN ZUM FORMARIN-JOCH UND ZUM SPULLER-SEE

Wasserscheide: zwischen Vorarlberg und Tirol

Pittoresk: Am Ende einer Mautstraße liegt der Spullersee

Nahrhaft: frische Alpenmilch

ZEINISJOCH GROSSES WALSERTAL

Wer nur durch Vorarlberg fahren möchte, darf am nächsten Tag über die Silvretta zurück nach Bludenz. Noch einmal vorbei an den typischen Bauernhäusern des Montafon mit ihrem weißgekalkten Unterbau und den dunklen Balkenkonstruktionen der oberen Hälfte.

KUHFRISCHE MILCH WIRD IN HALBLITER-BIERKRÜGEN SERVIERT

In Bludenz halten wir uns diesmal nördlich und fahren direkt ins Große Walsertal. Eine kleine Stichstraße führt, kurz vor Fontanella, nach rechts, Richtung Buchboden. Direkt neben einem Fahrverbotsschild, das jedoch nicht für Motorradfahrer gilt, gibt es wieder einen angenehmen Gasthof mit Biergarten. Das Sträßchen geht, knapp autobreit, noch ein paar Kilometer weiter in die einsame Bergwelt.

Über das bereits bekannte Damüls folgen wir der »193« und der »200« über den Hochtannbergpaß nach Warth. Obwohl der Paß mittlerweile durch diverse Begradigungen viel von seinem ursprünglichen Reiz verloren hat, läßt er im letzten Viertel doch noch erahnen wie eng und kurvig er früher war. Landschaftlich ist er nach wie vor gigantisch.

Von Warth geht es weiter auf der »198« in den mondänen Skiort Lech, wo zwei sehr schöne Motorradziele Vorarlbergs liegen. An einer Straßengabelung in Lech steht die Hinweistafel: »Zug 3 km«, der wir folgen, bis das Mauthäuschen auftaucht. Klar, daß solch attraktive Sträßchen in Österreich nicht kostenlos zu befahren sind. Auf den beiden Traumsträßchen zum Formarinjoch und zum Spullersee herrscht von 9 bis 15 Uhr ein generelles Fahrverbot. Also entweder früh am Morgen, oder am Nachmittag fahren. Oder stündlich (9 bis 11 Uhr und 13 bis 15 Uhr) mit dem Wanderbus vom Ortszentrum Lech. Wer den Wanderbus benutzt, kann in den beiden Tiefgaragen von Lech kostenlos parken.

Ursprünglich: das Quellgebiet des Lech

VORARLBERG

Vorarlberg vom Feinsten: Straße zum Spullersee

Auf einer ausgedehnten Wanderung erschließt sich das einsame Gebiet wohl am besten. Außerdem ist es ein guter Ausgleichssport, um beim Motorradfahren wenig beanspruchte Körperteile wieder etwas zu aktivieren.

Die Landschaft ist hier, wo der Lech entspringt, so ursprünglich, daß man sich nur schwer vorstellen kann mitten in den Alpen zu sein. Und die kuhfrische Milch aus Halbliter-Bierkrügen schmeckt fast nirgendwo besser als auf der Formarin-Alpe.

Der Rest der Vorarlberg-Tour ist wieder stärker befahren. Über Flexen- und Arlberg-Paß fahren wir nach Nordtirol weiter.

INFO VORARLBERG

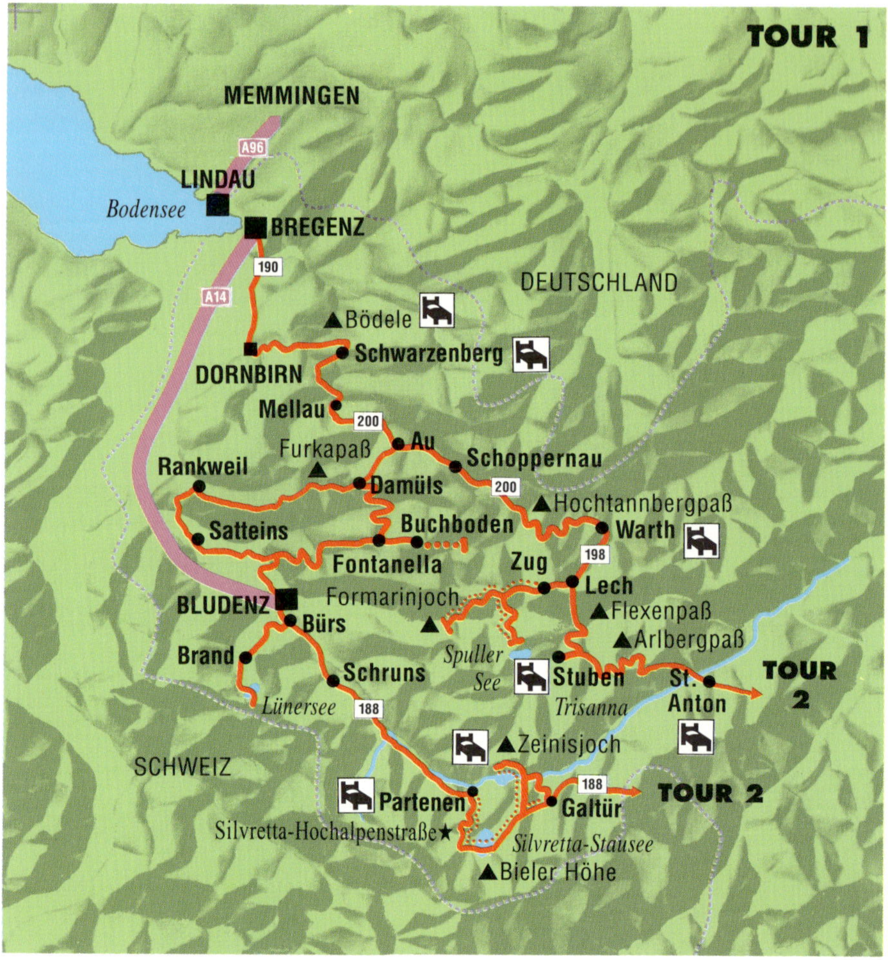

Gefahrene Strecke
(einschließlich Abstecher):
etwa 400 Kilometer

Karte:

Die Generalkarte, 1:200 000, Blatt 8, Österreich, Mairs Geografischer Verlag 8,80 Mark.

Route:

BREGENZ – Dornbirn – *Bödele* – Schwarzenberg – Mellau – Au – Damüls – *Furkajoch (1761 Meter)* – Laterns – Rankweil – Satteins – Thüringer Berg – BLUDENZ – *Brandner Tal* – Brand – Schruns – Gaschurn – Partenen – *Silvretta Hochalpenstraße* – *Bieler Höhe (2032 Meter)* – BLUDENZ – *Großes Walsertal* – Buchboden – Fontanella – Au – Schoppernau – Schröcken – *Hochtannbergpaß (1676 Meter)* – Warth – Lech – *Spullersee (1840 Meter)* – *Formarinjoch (1871 Meter)* – Zürs – *Flexen-Paß (1784 Meter)* – *Arlbergpaß (1793 Meter).*

Frisches aus erster Hand: Alptag in Schwarzenberg

Übernachten:

● Privatzimmer Franz Klinger,
A – 6794 Partenen 53a,
Telefon: 0043/5558/8356.
Liegt an der Silvretta-Hochalpenstraße. Neun Betten. Nette Wirtin und Super-Frühstück.

● Villa Sport-Klause,
A – 6762 Stuben/ Arlberg,
Telefon: 0043/5582/551,
Fax: 0043/5582/5514.
Wirt macht Tourenvorschläge in die Umgebung. Sauna.
Das Haus ist Mitglied der Motorradhotelkette Moho.

● Pension Bernhard Buchhammer, Haus Nummer 89,
A – 6580 St. Anton,
Telefon: 0043/5446/2571.
Ortsteil St. Jakob. Von der Straße aus ist das Pensionschild zu sehen. Zimmer mit Balkon und Dusche. Garage kostenlos.

● Gasthof Zeinisjoch,
Ernst Lorenz,
Zeinisjoch an der Silvretta-Hochalpenstraße,
Telefon: 0043/5443/233.
Einsam gelegener Gasthof. Motorräder dürfen kostenlos in der Scheune parken. Am ersten September-Wochenende findet hier jedes Jahr ein Motorradtreffen statt.

● Berghof Fetz,
Barbara Moosbrugger,
Bödele, A – 6850 Dornbirn,
Telefon: 0043/5572/7211.
Direkt auf der Paßhöhe des Bödele gelegen. Die Sonnenterrasse ist bei schönem Wetter ein beliebter Motorradfahrer-Treffpunkt.
Garage. Zwölf Betten. Etagenbad.

●● Hotel Alpenhof,
Familie Triendl,
A – 6580 St.Anton,
Telefon: 0043/5446/2700 und 2495.
An der Arlberg-Paßstraße.
60 Betten, überdachte Stellplätze, Trockenraum, Sauna, Dampfbad.
Gruppenermäßigung ab zehn Personen.

●● Walserberg Hotel,
Familie Walch,
A – 6767 Warth am Arlberg,
Telefon: 0043/5583/35020,
Fax: 0043/5583/350222.
Modernes Hotel in Naturholzbauweise mit allem Komfort.

●● Lechtaler Hof,
Familie Brenner,
A – 6767 Warth am Arlberg,
Telefon: 0043/5583/2677,
Fax: 0043/5583/36868.
Nettes Hotel mit freundlichen Wirtsleuten. Gutes Essen.

●●●● Romantik Hotel Gasthof Hirschen, Familie Fetz,
Bregenzerwald,
A – 6867 Schwarzenberg,

Zahlstelle: Privatstraßen sind meist mautpflichtig

Telefon: 0043/5512/29440,
Fax: 0043/5512/294420.
Sehr schön restaurierter Gasthof aus dem Jahre 1755. Heute ein Romantik-Hotel. Zusätzlich wurde ein Haus im einheimischen Wäldler-Stil erbaut.

Sehenswert:

Almabtrieb, jedes Jahr am 15. September im Bregenzer Wald bei Schwarzenberg, am Bödele. Einer der bekanntesten und schönsten Almabtriebe Österreichs. Bereits am 14. September kommt das Jungvieh von der Alpe herunter, am 15. folgen die stark geschmückten ausgewachsenen Kühe. Am 16.9. ist dann ein großer Markt in Schwarzenberg, wo Bauern ihre eigenen landwirtschaftlichen Produkte verkaufen.

Adressen:

Österreich-Werbung, Roßmarkt 12,
60311 Frankfurt/M.,
Telefon: 089/6140066.

Landesverband für Tourismus
in Vorarlberg, Römerstraße 7,
Postfach 302, A – 6901 Bregenz,
Telefon: 0043/5574/4252 und 50;
Fax: 0043/5574/4252 55.

Leckerbissen: die Vergiel-Bergstraße im Morgengrauen

IM FRÜHTAU ZU BERGE

Nordtirol besitzt die meisten Pässe und Bergstraßen innerhalb Österreichs. Neben bekannten Übergängen, wie Brenner und Timmelsjoch, finden sich auch einige legal befahrbare Schotter-Abstecher in die Berge. Allerdings nur für Frühaufsteher

Am Zeinis-Joch stehen zwei Schilder. Von links nach rechts, oder, geographisch richtiger, von West nach Ost: »Landesgrenze Vorarlberg Tirol« und »Europäische Wasserscheide Rhein Donau«. Wer genau hier einem menschlichen Bedürfnis nachgeht, kann nicht mit Sicherheit sagen in welchen Strom er nun endgültig entwässert, Rhein oder Donau.

Einschließlich Zeinisjoch gibt es vier Wege, um von Vorarlberg nach Nordtirol zu gelangen. Entweder über den Hochtannbergpaß und Warth, über den Arlbergpaß oder, ganz im Süden, über die Silvretta Hochalpenstraße. Der Arlberg-Tunnel zählt hier nicht. Welcher Motorradfahrer fährt schon durch dunkle Röhren. Es sei denn, es regnet wie aus Kübeln oder er hat wirklich nur wenig Zeit.

Kühl: Katzenwäsche am Zeinisjoch

Wir wählen den am meisten frequentierten Übergang am Arlbergpaß, um dann gleich in ruhigere Gefilde auszuweichen. Kurz vor Landeck biegen wir rechts ab, ins Paznauntal, das sich bis zur Silvretta Hochalpenstraße durch die Berge schneidet.

In Ischgl geht nichts mehr. Stau. Zum Glück nichts Ernstes. Eher lustig. Der Ort feiert sein jährliches Musikfest mit Dutzenden verschiedener Trachtenverbände und Hunderten von Musikern. Ernst-Mosch-Ambiente vom Feinsten. Die Hitparade der Volksmusik. Live.

Aber Ischgl bietet sich sowieso als Übernachtungspunkt an. Von hier lassen sich zwei geschotterte Bergstraßen anfahren, die zum Feinsten gehören, was Nordtirol zu bieten hat. Eine Enduro ist empfehlenswert, obwohl wir auf anderen, ähnlich schwierigen Pisten schon alle Motorradtypen, vom Chopper, über Harley bis zur 1500er Goldwing gesichtet haben.

Die Vergiel-Bergstraße zweigt acht Kilometer südwestlich von Ischgl, am Weiler Tschafein, ab. Wir überqueren den Fluß Trisanna, fahren dann links, an seinem Ufer entlang bis zur ersten Abzweigung. Eine kleine Teer-

ISCHGL
FEIERT SEIN
JÄHRLICHES
MUSIKFEST.
HITPARADE DER
VOLKSMUSIK.
LIVE

VERGIEL-
BERGSTRASSE
(2330 METER)
WEILER
TSCHAFEIN

Winzig: die Straße vom Zeinisjoch nach Vorarlberg

Nur für Frühaufsteher: die Vergiel-Bergstraße

DIE LETZTEN KILOMETER DER VERGIELBERG-STRASSE SIND TIEFER GESCHOTTERT UND STEIL

straße geht nach rechts ab, wenig später beginnt der Schotter. Zwei Kilometer weiter steht ein Fahrverbotsschild. Allerdings nur für Fahrten zwischen 9 und 18 Uhr. Also entweder bald aufstehen oder am Abend fahren. Im Sommer, wenn es früh hell wird und abends bis 21 Uhr so bleibt, ist das kein Problem.

Der Weg gehört zu einem Netz von Lawinenschutzstraßen, angelegt, um riesige Eisenkonstruktionen hoch in die Berge zu schaffen. Diese sollen abrutschende Schneemassen brechen und so das Paznauntal vor Lawinenblockaden bewahren.

FIMBER-ALM (2122 METER) ISCHGL

Die Piste läuft nach einer kehrenreichen, bewaldeten Auffahrt direkt am Berg entlang, rechts reicht der Blick – wirklich atemberaubend – tief ins Paznauntal. Bis zum Zeinisjoch läßt es sich bei klarer Sicht schauen. Die letzten Kilometer sind tiefer geschottert und steil. Über einen kleinen Sattel geht es ein Stückchen bergab, dann endet die Piste an der Nordflanke des Predigbergs.

Der Ausgangspunkt zum zweiten alpinen Leckerbissen liegt direkt in Ischgl. Ein Schild weist zur Fimber-Alm, direkt an der Schweizer Grenze gelegen. Ebenfalls ungeteert und für Frühaufsteher oder Spätfahrer

Lustig: Musikfest in Ischgl

Imposant: Brücke über das Paznauntal

gedacht. Das zeitweise Fahrverbot gilt hier zwischen 9 und 17 Uhr. Auch die Befahrung dieser Strecke erfolgt, wie bei der Vergiel-Bergstraße, auf eigene Gefahr. Das frühe Aufstehen lohnt sich, die rotbestrumpften Kniebundhosenträger schlafen noch.

Zunächst erreichen wir die Seilbahn-Mittelstation Pardatsch, ein paar Kilometer später den Alpengasthof Boden. Dann folgt die Route immer dem Fimber-Bach, mit kurzen 20%igen Steigungen. Die Landschaft ist überwältigend schön, gibt einem das Gefühl völlig allein auf der Welt zu sein: hochalpin, nur mit Grasmatten und Moosen bewachsen, dazwischen riesige Felsbrocken. Ein Viehgatter unterbricht die steinige Piste. Links steht eine Almhütte und ein Stückchen die Piste weiter das nicht besetzte Zöllnerhäuschen und das Schweizer Grenzschild.

EIN STÜCKCHEN WEITER UND DIE SCHWEIZER KONFISZIEREN UNSERE ENDUROS

Als wir ein paar Fotos schießen, kommt ein Geländewagen aus unserer Richtung angedüst, bremst in einer Staubwolke neben uns. »Emil Zangerl – Jeep-Taxi zur Heidelberger Hütte«, steht auf den Türen. »Fahrt's ja

SCHMUGGLERPFAD NACH SAMNAUN

net weiter hier, sonst san eure Motorradl weg«, sagt Emil. Nur er darf das restliche Pistenstück auf Schweizer Hoheitsgebiet bis zur Hütte mit einem Motorfahrzeug befahren. Normal Sterbliche dürfen nur zu Fuß, dann sogar ohne Paß, die Grenze queren. Eine knappe Stunde dauert die lohneswerte Wanderung auf dem ehemaligen Schmugglerpfad. Die Motorräder können an der Zollhütte stehenbleiben. »Viele Häuser in Ischgl san früher mit dem Geld vom Zigarettenschmuggeln gebaut word'n«, erzählt uns der Geländewagenfahrer. Einmal im Jahr findet deshalb eine sogenannte Schmuggel-Wanderung von Ischgl über die Fimber-Alm bis nach Samnaun ins Schweizer Zollausschlußgebiet statt. Völlig legal, dafür ordentlich anstrengend.

Nun haben wir im Paznauntal genug erlebt und fahren auf der »188« nach Landeck, von dort in südöstlicher Richtung bis Prutz. Hier zweigt eine Straße ins Kaunertal ab. Gleichzeitig Stich- und Mautstraße, was in den Alpen sehr oft mit landschaftlich besonders reizvoll gleichzusetzen ist. Die Kaunertaler-Gletscherstraße enttäuscht Motorradfahrer tatsächlich nicht.

Schmugglerpfad: die Piste zur Fimber-Alm

Schon bei der Einfahrt ins Tal dominiert die vergletscherte Weißseespitze in der Ferne. Hinter Feichten beginnt die 26 Kilometer lange Mautstrecke zum zweitgrößten Gletscher der Ostalpen, nach der Pasterze im Glocknergebiet. Hinter dem Gepatsch-Stausee folgt Kehre auf Kehre, sorgfältig durchnumeriert. Mit der letzten sind immerhin 2750 Meter erreicht. Selbst im Sommer heißt es hier noch: »Ski und Rodel gut«. Ein ungewöhnlicher Anblick. Skizwischen Motorradfahrern. Sehr aussichtsreich, daher lohnenswert ist eine Fahrt mit dem Sessellift zur Bergstation, von wo ein Gletscherweg zum sogenannten Dreiländerblick führt: Österreich, Italien und die Schweiz lassen sich von dort überschauen.

Zum Mittagessen empfiehlt es sich nicht in das riesige Selbstbedienungs-Bergrestaurant Weißseeferner einzukehren. Viel uriger und mit netter Bedienung, sowie einer – falls sie scheint – Sonnenterrasse ist das Gepatsch-Haus am Südrand des Stausees.

Auf dem Rückweg fahren wir nicht ganz bis Prutz, biegen vorher nach rechts, Richtung Piller

MIT DER LETZTEN KEHRE SIND IMMERHIN 2750 METER ERREICHT

KAUNERTALER GLETSCHER-STRASSE (2750 METER)

Mautpflichtig: die Straße zum Timmelsjoch

DIE STRECKE ÜBER DAS HAHNTENN-JOCH IST NACH WIE VOR EINE TRAUMSTRASSE FÜR MOTOR-RADFAHRER

ab. Eine hübsche, kleine Bergstraße, sehr wenig befahren, die in Imst endet, wo bereits das nächste Motorrad-Traumsträßchen beginnt. Allerdings erheblich stärker frequentiert: die Verbindung zwischen Inn- und Lechtal, über das Hahntennjoch. In Bschlabs, am Gasthof »Zur Gemütlichkeit« treffen sich Motorradfahrer, bevölkern bei Sonnenschein zu Dutzenden den einladenden Biergarten. Trotz einiger Verbreiterungen in den letzten Jahren lohnt sich das Hahntennjoch-Sträßchen für Motorradfahrer immer noch. Unschwer an der Vielzahl von Zweirädern zu erkennen.

In Elmen biegen wir links ab, auf die »198«, um nach wenigen Kilometern Untergiblen-Elbigenalp zu erreichen. Hier wurde vor 150 Jahren Anna Knittel ge-

Eiskalt: der Tiefenbachferner

boren. Was soll das, fragen sich jetzt wohl die meisten. Wer um alles in der Welt war Anna Knittel?

Nun, sie war eine bekannte, sehr emanzipierte Tiroler Malerin. Würde sie heute leben, hätte sie wahrscheinlich eine Harley in der Scheune stehen. Mit 22 Jahren zog sie sich Män-

Beliebt: das Asphaltbändchen über's Hahntennjoch

nerhosen an, um einen Job für ihren Vater zu erledigen, den zu tun, kein Mann im Ort den Mut aufbrachte. An einem Strick gesichert, ließ sie sich über eine steile Felswand abseilen, schwang hin und her, bis sie nahe genug an einen Adlerhorst herankam, nahm das Junge aus dem Nest und steckte es in ihren Rucksack. Beim Hochziehen pflückte sie noch ein paar Kräuter und jauchzte vor Vergnügen, damit »die da oben hören, daß mir die Angst nicht die Kehle zuschnürt«. Der Stoff aus dem Alpen-Legenden sind.

Aus Anna Knittel wurde die Geierwally. Da das Lechtal zu dieser Zeit nicht sehr bekannt

HAHNTENN-JOCH (1884 METER)

Abenteuerlich: modrig wirkende Holzbrücke im Venter Tal

Gruppendynamik: Abfahrt vom Kühtaisattel

war, verlegte eine erfolgsbedachte Schriftstellerin, Wilhelmine von Hillern, die Story kurzerhand ins Ötztal. Den Adler verwandelte sie in einen Geier, weil sie nicht wußte, daß man im Alpenraum bis zur Jahrhundertwende alle Greifvögel »Geier« nannte.

Die Heimatschnulze wurde ein Bestseller, später ein erfolgreiches Volkstheaterstück und schließlich, 1940, mit der Schauspielerin Heidemarie Hatheyer ein Kinohit.

Der Orginal-Drehort des Filmes liegt weiter weg, im Venter Tal. Dazwischen liegt das Ötztal und hinter dem Skiort Sölden geht es auf die kleine

Bilderbuch-Alpenstraße, flankiert von steilen Berghängen. Wir wedeln bis Vent. Hinter dem Ort führt eine sehr enge Straße zu den Rofenhöfen. Das Fahrverbot auf dieser Strecke gilt nur für jene, die nicht hinten im Tal übernachten wollen. Wir wollen. Und zwar – wie sollte es am Orginal-Drehort des Geier-Wally-Schinkens auch anders sein – im 2014 Meter hoch gelegenen Geierwallihof.

Auf Wunsch zeigt der Wirt am Abend eine Video-Kopie des alpenländischen Natural-Epos. Über ein halbes Jahrhundert nach Drehschluß ein Stück Zeitgeschichte.

WÄRE DIE GEIERWALLY HEUTE NOCH AM LEBEN, WÜRDE SIE GARANTIERT HARLEY FAHREN

Das hintere Venter Tal ist einer von den Orten, wo die Wanderstiefel wieder einmal zum Einsatz kommen sollten. Fehlende Strommasten und Oberleitungen lassen schnell das Gefühl aufkommen irgendwo im schottischen Hochland oder gar in einer neuseeländischen Fjordlandschaft unterwegs zu sein. Dem berühmtesten Leichnam der neueren, alpinen Geschichtsschreibung muß es hier zu seinen Lebzeiten ebenfalls ganz gut gefallen haben. Hier irgendwo

VENTER TAL ROFENHÖFE (2014 METER)

Eis und heiß: Kaffee in Kühtai

Zweimal Graba: Alm und Wasserfall im hinteren Stubaital

wurde der aufgetaute Ötzi entdeckt.

Wer Gefallen an der Kaunertaler Gletscherstraße gefunden hat, dem bietet das Ötztal eine weitere mautpflichtige Straße ins ewige Eis: zum Pitztaler Jöchl und Tiefenbachferner. Der Tiefenbachtunnel führt direkt unter dem Gletscher hindurch, ist somit der höchstgelegene Straßentunnel der Alpen. So muß sich die Fahrt durch eine große Tiefkühltruhe anfühlen. Das Pitztaler Jöchl stellt einen weiteren Superlativ dar: mit angeblich 2803 Meter der höchste anfahrbare Punkt der Alpen auf einer befestigten Straße. Angeblich deshalb, weil einige Leute behaupten das Pitztaler Jöchl wäre zwei Meter niedriger und würde somit einen Meter unter der 2802 Meter hohen Paßstraße über den französischen Col de la Bonette liegen. Einen Meter hin oder her, verdammt kalt ist es in dieser Höhe allemal, deshalb machen wir uns an den Abstieg.

Wer von Sölden weiter nach Italien möchte, wählt die gut ausgebauten Kehren zum mautpflichtigen Timmelsjoch, über

dessen Scheitelhöhe die Grenze nach Südtirol verläuft.

Unsere Entscheidung fällen wir zugunsten von Nordtirol und rollen das Ötztal entlang nach Norden. Die Langeweile einer breit ausgebauten Hauptstraße hört in Ötz auf. Dort biegen wir rechts, Richtung Kühtai-Sattel ab. Die Landschaft ändert sich mit jedem Höhenmeter, sanfte, grüne Hochalmen mit vielen grasenden Kühen und Haflinger-Pferde, die ab und zu auf die Straße kommen, um Touristen anzubetteln.

Wem die Zeit ausgeht, der sollte die Strecke von Kühtai über Innsbruck, Seefeld und Leutasch zum Grenzübergang nach Mittenwald nehmen, anstatt die vielbefahrene Variante auf der »177« bis Scharnitz.

Wer noch etwas Zeit übrig hat, fährt auf der Brennerlandstraße Richtung Süden, zweigt dann auf der Höhe von Schönberg ins Stubaital ab. Die »183« bis Neustift ist gut ausgebaut, danach wird die Straße enger und schlängelt sich bergauf am Ruetzbach entlang. Von einer Felswand stürzen sich gewaltige Wassermassen in die Tiefe.

Unterhalb des Graba-Wasserfalls lädt die gleichnamige Alm mit ihren rustikal verwitterten Tischen und Bänken zu einer Rast ein. Wir widerstehen den verführerisch in einem Holzbrunnen gelagerten, kühlen Bierflaschen, ziehen Kaffee und Kuchen vor.

An der 1728 Meter hoch gelegenen Mutterbergalm wurde ein großer Parkplatz angelegt, von hier aus führt die Stubaitaler Gletscherbahn weiter nach oben.

Zurück auf der Brennerlandstraße zweigt in Matrei ein kleines, ungeteertes Mautsträßchen zum Kloster Maria-Waldrast ab. Hier kochen die Mönche selber. Wir stärken uns mit einem zünftigen Mittagessen für die Heimfahrt.

PITZTALER JÖCHL (2803 METER)
TIEFENBACH-FERNER (2780 METER)
KÜHTAI-SATTEL (2017 METER)
MUTTERBERG-ALM (1728 METER)

HIER IRGENDWO HABEN SIE ÖTZI, DEN WOHL BERÜHMTESTEN ALPIN-LEICHNAM GEFUNDEN

INFO NORDTIROL

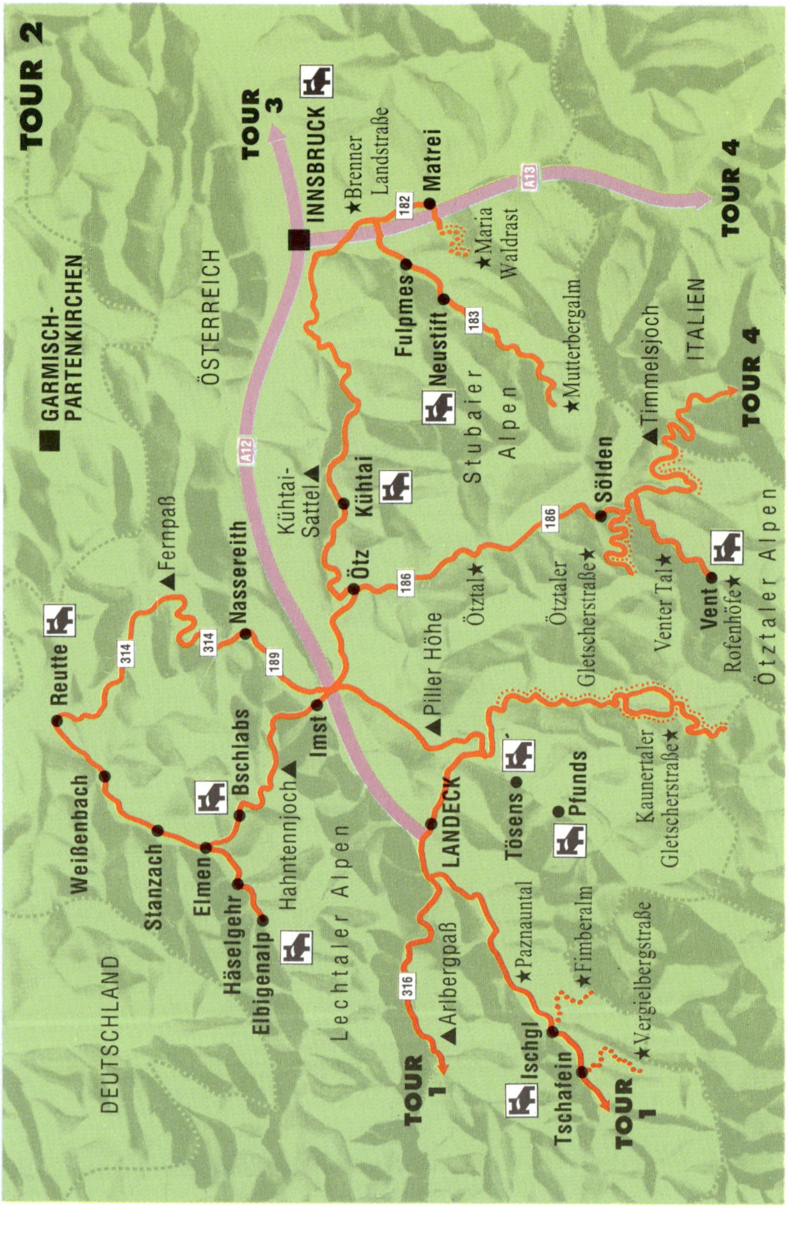

Gefahrene Strecke (einschließlich Abstecher): etwa 800 Kilometer

Karten:

Deutsche Generalkarte, 1:200000, Blätter 8 und 9, Österreich, je 8,80 Mark.

Route:

Arlbergpaß (1793 Meter) – Paznauntal – Tschafein – *Vergielbergstraße (2330 Meter)* – Ischgl – *Fimberalm (2122 Meter) – Paznauntal – Landeck – Kaunertaler Gletscherstraße (2750 Meter) – Piller Höhe (1558 Meter)* – Imst – *Hahntennjoch (1884 Meter)* – Elmen – Elbigenalp – Häselgehr – Elmen – Stanzach – Untergiblen – Weißenbach – Reutte – Lermoos – Nassereith – Imst – Ötz – *Ötztal* – Sölden – *Ötztaler Gletscherstraße; Pitztaler Jöchl (2803 Meter)* und *Tiefenbachferner (2780 Meter) – Venter Tal* – Vent – *Rofenhöfe (2014 Meter) – Timmelsjoch Nordtiroler Auffahrt (2483 Meter) – Ötztal* – Kühtai – *Kühtaisattel (2017 Meter) – Brenner Landstraße – Schönberg – Mieders – Telfes – Fulpmes* – Stubaital – *Neustift* – Mutterbergalm (1728 Meter) – *Schönberg* – Brenner Landstraße – *Matrei* – Maria Waldrast.

Gerhard Haas, der Cappella-Besitzer gibt Tourentips

Übernachten:

- Zur Geierwally,
St. Urban Stube,
Guido Degasperi,
A – 6652 Elbigenalp,
Telefon: 0043/5634/6405.
Dusche, WC, TV. Wirt ist selbst Motorradfahrer. Restaurant, Café, Wintergarten, Pils-Pub.

- Wieshof, Familie Scheiber,
A – 6458 Vent,
Telefon: 0043/5254/8128.
Zimmer und Frühstück (WC, Dusche, Bad). Voranmeldung hier unbedingt empfehlenswert. In der Hauptsaison wird oft nur für einen längeren Aufenthalt vermietet.

Tal der Tourer: Motorrad-Urlauber campen im Stubaital

- Gasthof Laurin,
Versahl Nr. 258,
A – 6561 Ischgl,
Telefon: 0043/5444/5118.
Weiler, kurz vor Ischgl. Dort vor der Galerie über die Brücke und 50 Meter weiter. Geöffnet, je nach Wetter, meist ab Juni. Anmeldung erforderlich.

- Pension Tyrol, Anton Schranz,
Bundesstraße 14,
A – 6541 Tösens,
Telefon: 0043/5477/294.
Südlich von Landeck, Nähe Reschenpaß, Umgehungsstraße Abfahrt Nord. Etagendusche, Garage kostenlos, Zelten möglich.

- Gasthof-Pension
Zur Gemütlichkeit, Familie Perl,
Lechtal/Tirol,
A – 6444 Bschlabs,
Telefon: 0043/5635/259.
Beliebter Motorradtreffpunkt an der Hahntennjoch-Straße. Zimmer mit Balkon, Dusche und WC.

●● Hotel Tyrol, Ernst Wilhelm,
A – 6542 Pfunds/Tirol,
Tel.: 0043/5474/5247 oder 5865;
Fax: 0043/5474/5866.
Schöne Lage, Garage kostenlos, Hallenschwimmbad kostenlos. Wirt fährt selbst. Gruppenermäßigung ab 30 Personen.

●● Geierwalli Hof Rofen,
Familie Klotz, Rofen 35,
A – 6458 Vent,
Telefon: 0043/5254/8145.
Superruhige Lage, Gasthof liegt am Fuße der Wildspitze am Ende des Venter Tals.

●● Gasthof Rose,
A – 6531 Ladis,
Telefon: 0043/5472/6213
Fax: 0043/5472/62136.
Wirt fährt selbst.
Sauna, Solarium, Dampfbad im Nebenhaus.

●● Hotel-Gasthof Bierwirt,
Bichlweg 2,
A – 6020 Innsbruck,
Telefon: 0043/512/342143;
Fax: 0043/512/3425475.
Wirt ist begeisterter Motorradfahrer und gibt Motorradfahrern gerne Tourentips für die Umgebung. Nach eigenen Angaben kennt er die schönsten Bergrouten. Eine Garage, nur für Motorräder, ist vorhanden. Alle Zimmer mit Dusche/WC, Farbfernseher und Telefon.

●●● Sport-Hotel Kühtai,
A – 6183 Kühtai,
Telefon: 0043/5239/217 – 248;
Fax: 0043/5239/21780.
Komfortabel ausgestattetes Hotel mit Sauna und Restaurant. Halbpension möglich.

●●● Alpenhotel Ammerwald,
A – 6600 Reutte,
Telefon: 0043/5672/8131,
Fax: 0043/5672/8132200.
Schönes, ruhig gelegenes Hotel. Hallenbad und Sauna. In der Nähe des Plansees, am Ammersattel gelegen.

●●● Hotel Cappella,
Gerhard Haas, Neder 578,
A – 6167 Neustift im Stubaital,
Telefon: 0043/5226/2515;
Fax: 0043/5226/25155.
Günstige Pauschalangebote für Motorradfahrer. Honda Transalp-Fahrer (nomen est omen) Gerhard gibt Tourentips für die Umgebung. Gehört zur Motorrad-Alpenhotelgruppe »Moho«. Infos im Anhang.

●●● Hotel Enzian
A-6500 Landeck,
Tel.: 0043/5442/62066;
Fax: 0043/5442/61260.
Enzian-Wirt Klaus ist begeisterter Tourenfahrer. Er hilft bei der Tourenplanung und fährt manchmal selbst mit. Unbedingt den hauseigenen Enzian probieren.

Adressen:

Österreich-Werbung
(siehe Vorarlberg)
Tirol-Werbung, Bozner Platz 6,
A – 6010 Innsbruck,
Telefon: 0043/512/5320;
Fax: 0043/512/1 50.

Großartig: Großglockner-Panorama bei der Nordauffahrt

WOLKENKRATZER

Der Großglockner ist zwar der höchste, aber nicht unbedingt der Höhepunkt einer Tour durch Osttirol und das im Norden angrenzende Salzburger Land

OSTTIROL / SALZBURGER LAND

EDELWEISS-SPITZE (2577 METER)

In Zell am See regnet es in Strömen. Gegen Mittag hat uns die Sonne, die die ganze Anfahrtsstrecke über schien, einfach im Stich gelassen. Sonnenstich. Keine guten Vorraussetzungen für einen der Klassiker unter den Alpenpässen, der jetzt vor uns liegt: den Großglockner. Vorsichtig zirkeln wir um die numerierten Spitzkehren. Es regnet so stark, daß ich Elke auf ihrer Maschine kaum im Rückspiegel erkennen kann. Jetzt zieht auch noch Nebel auf, wird mit jedem Höhenmeter undurchdringlicher. Das Schild mit Angabe der Paßhöhe nehmen wir kaum wahr. Doch wir wollen noch höher hinaus. Für heute steht eine Übernachtung, ganz oben, auf dem Programm.

VORSICHTIG ZIRKELN WIR UM DIE NUMERIERTEN SPITZKEHREN ZUR EDELWEISS-SPITZE

Einige rutschige Serpentinen später erreichen wir das 2577 Meter hoch liegende Tagesziel, die Edelweiß-Spitze, die sich leider in einer dicken Nebelsuppe versteckt. Dafür schmeckt die mit Leberknödeln zum deftigen Abendessen um so besser.

In der Hütte, in der wir übernachten, breiten wir unsere nassen Klamotten aus. Der Wind pfeift außen vorbei, rüttelt heftig an den hölzernen Fensterläden. Die Heizung bullert vor sich hin, schafft eine gemütliche Wärme. Eine Kerze brennt auf dem kleinen Holztischchen.

Nebliger Einstieg: die Zillertaler Höhenstraße

ZILLERTALER HÖHENSTRASSE

DIE BERG-SPITZEN SIND BEREITS MIT NEUSCHNEE EINGEPUDERT

Der nächste Morgen entschädigt uns für die Mühen der Anfahrt. Starker Wind hat die Wolken über Nacht vertrieben, der hartnäckigere Morgennebel hält sich noch an der kargen Vegetation fest.

Wir frühstücken kräftig, mit Ei, Wurst und Käse. Die Maschinen sind mit einer zarten Eisschicht bedeckt. In den Händen halten wir zwei dampfende Tassen Kaffee. Wohlige Wärme rinnt in die Peristaltik. Plötzlich, fast von einer Minute auf die andere, schieben sich die ersten Sonnenstrahlen über die Edelweiß-Spitze. Die Luft kommt in Bewegung. Es wird noch einmal kurz ganz kalt, dann steigt Wärme auf. Langsam entwickelt die Sonne ihre Kraft, zerrt den Nebel vom Boden, zehrt ihn auf.

Fließend: der Pasterze-Gletscher

Obwohl eine der befahrensten Straßen im Alpenraum, lohnt sich der Abstecher zur Franz-Josephs-Höhe. Die Aussichten auf den Pasterze-Gletscher und Großglockner-Gipfel sind einmalig schön. Die graublauen Eismassen scheinen richtiggehend am Betrachter vorbeizufließen.

Bei einer Erkundungstour für die Neuauflage des Alpenbuches haben wir erheblich mehr Glück mit dem Wetter. Bei der Anfahrt über die Zillertaler Höhenstraße ist es zwar noch etwas neblig und feucht. Die Vegetation hat hier etwas Dschungelartiges. Sie wächst dicht bis an die schmale Fahrbahn heran. Immer wieder kommt die Sonne durch. Noch ist es kalt. Immer weiter schraubt sich der enge Weg nach oben. Heidekraut und Blaubeersträucher säumen jetzt den Straßenrand. Im hochalpinen Bereich ist es dann ganz karg, die Bergspitzen sind bereits mit Neuschnee eingepudert. Als wir die Kaltenbacher Schihütte in 1800 Meter erreichen hat es nur noch acht Grad. Zeit für eine heiße Suppe und die Orginal Zillertaler Jagerbuoam, die just als wir den Löffel in die Suppe stecken, anfangen den Gästen mit heimatlichem Liedgut einzuheizen. Im Sonntags-Outfit sitzen die Ein-

Das ist der Gipfel: die Sonnenterrasse der Edelweißhütte

heimischen im Freien und trinken eiskaltes Bier. Das sind vielleicht abgehärtete Burschen.

Aufgewärmt machen wir uns an die Abfahrt, die wirklich nur Schwindelfreien zuzumuten ist. Ständig drohen in der Kurve entgegenkommende Sonntagsfahrer und rechts der steile Abgrund.

Am Großglockner werden wir für die Mühen belohnt. Diesmal steht keine Wolke am Himmel. Das Panorama ist unwirklich schön. So ein Kaiserwetter zieht natürlich nicht nur Motorradtouristen an. Doch die Straße ist so übersichtlich angelegt, daß selbst längeres Linksfahren möglich ist, um die Riesenschlangen von Autos, die sich hinter den Ausflugsbussen herquälen, in einem Rutsch zu überholen.

Wer die Abfahrt nach Winklern etwas einsamer und enger liebt, muß nur kurz vor Heiligenblut, in einer großen Spitzkehre, nach links, Richtung Apriach abbiegen. Die Strecke

GROSS-GLOCKNER HOCHALPEN-STRASSE (2505 METER)

IN SEHR ENGEN KEHREN SCHLÄNGELT SICH DIE MÖLLTALER GLETSCHER-STRASSE NACH OBEN

Verkehrsberuhigt: Parallelstrecke zur Glocknerabfahrt

geht am Berg entlang und mündet erst in Großkirchheim wieder in die vielbefahrene Hauptstraße nach Winklern.

Bevor wir weiter nach Lienz fahren, haben wir noch einen Abstecher eingeplant. Wieder einmal eine dieser Strecken mit Wegezoll. Knapp zehn Mark müssen wir pro Maschine löhnen, um die Mölltaler Gletscher-Panoramastraße zu befahren, die in Flattach, knapp 30 Kilometer östlich von Winklern entfernt ihren Ausgang nimmt. Es lohnt sich. In sehr engen Kehren schlängelt sich die befestigte Straße zunächst auf ein Hochplateau mit Stausee, dann in etwas sanfteren Anstiegen direkt zum Gletscher. Das letzte Stück ist allerdings per Schranke für Fahrzeuge gesperrt. Diese können auf dem Parkplatz vor dem Weißseehaus parken.

MÖLLTALER-GLETSCHER-PANORAMA-STRASSE (2235 METER)

Auf der Strecke nach Lienz liegt in Iselsberg ein echtes Motorrad-Hotel. Die Parkplätze vor dem »Iselsberger Hof« stehen voller Maschinen, Autos bilden die absolute Ausnahme. Josef Obersteiner, der Wirt, ist begeisterter Motorradfahrer, der eine Menge Tips zu Touren in die Umgebung geben kann. Zusammen mit einigen weiteren, motorradinfizierten Hoteliers in den Alpen ist er Mitglied der Motorradhotelkette »Moho« (In-

VIER ÖSTERREICHISCHE MOTORRADHOTELS VERANSTALTEN TOUREN MIT IHREN GÄSTEN

Steinreich: Mölltaler Gletscher-Panoramastraße

Mautpflichtig: Auch die Mölltaler wollen Schillinge

fos siehe Anhang im hinteren Buchteil). Alle Hotels der Kette arbeiten für ihre Gäste Tourenvorschläge mit Geheimtips aus. Manchmal, wenn es die Zeit erlaubt, fahren die Wirtsleute selbst mit ihren Motorradgästen in die Berge.

Von Lienz fahren wir ein kleines Stück auf der »100« bis Leisach. Im Ort zweigt rechts die Pustertaler Höhenstraße ab, die reizvollere Alternative zur verkehrsreichen Talstrecke. Hoch über dem Tal der Drau schlängelt sich der Fahrweg immer wieder in Seitentäler hinein, vorbei an der hübsch bemalten Kirche in Anras, bis Abfaltersbach, das wieder an der Hauptverbindungsader Richtung Südtirol liegt.

Wer noch Zeit hat, Schotterstrecken und geräucherten Lammschinken mag, sollte, bevor er nach Italien einreist, nördlich von Sillian ein Seitental erforschen. Wir legen unseren Routenplan so, daß wir zur Mittagszeit in Außervillgraten in das Winkeltal gelangen. Kleine, rote Punkte entlang der Generalkarten-Strecke weisen sie zwar als gebührenpflichtig aus, das typische Kassenhäuschen entdecken wir jedoch nir-

GANZ PLÖTZLICH STEIGT DIE STRASSE AN UND DER UNTERGRUND LÖST SICH AUF

PUSTERTALER HÖHENSTRASSE

Ganz oben: Unterried an der Pustertaler Höhenstrasse

AUSSERVILLGRATEN WINKELTAL VOLKZEINER HÜTTE (1886 METER)

DER WIRT DER VOLKZEINER HÜTTE FOTOGRAFIERT SEINE MOTORRADFAHRENDEN GÄSTE UND KLEBT SIE IN EIN BUCH EIN

gendwo. Ganz plötzlich steigt die Straße an und der Untergrund löst sich auf. Im letzten Teil ist der Schotterweg stark ausgewaschen und steinig. Zwei Viehgatter bremsen den Vorwärtsdrang zusätzlich. Die Strecke verdient unbedingt das Prädikat »Traumstraße«, nicht nur wegen Lammschinken und Ziegenkäse, die am Endpunkt der Piste, in der Volkzeiner Hütte, auf den Tisch kommen. Nur wenige Kilometer von der verkehrsbelasteten Hauptstraße hat man hier das Gefühl in völliger Einsamkeit zu sein, weit weg von der Zivilisation.

Ein idealer Ausgangspunkt für Wandertouren, denken wir uns, vor allem, nachdem wir von der Wirtin erfahren, daß in der Hütte günstige Übernachtungsmöglichkeiten mit Frühstück und Etagendusche bestehen. Zünftige Bergbauern-Romantik im schwarzbraun verwitterten Holzhaus.

Von Sillian wären es nur noch fünf Kilometer bis zum italienischen Grenzübergang, doch es gibt eine schönere Möglichkeit von Ost- nach Südtirol zu gelangen: durch das pittoreske Defereggental und über den Staller Sattel.

Auch für Schotter- und Wanderfreunde wartet hier, sechs Kilometer vor dem Grenzübergang, noch eine kleine Überra-

Osttirol: ideal für Mountainbiker

Lecker: Ziegenkäse und Lammschinken in der Volkzeiner Hütte

Abstecher: Piste vom Defereggental zum Oberhaus

Bitte warten: Einbahnverkehr am Staller Sattel

schung. Nach rechts zweigt die Piste zum Oberhaus ab. Am Anfang des Schotterweges steht zwar ein Mauthäuschen samt Kassierer, dieser winkt uns allerdings durch, ohne irgendetwas zu verlangen.

In Huben, am Anfang des Defereggentals, geht es rechts über eine Stichstraße zum hinteren Teil des Großglockner-Massivs, auf der Kalser Glocknerstraße zum Neuen Lucknerhaus. Für das letzte Stück gilt es einen Obulus zu entrichten, da es sich um eine private Werkstraße handelt. Bei klarer Sicht präsentiert sich der Großglockner-Gipfel von seiner schönsten Seite.

Zurück auf der Hauptstraße verlassen wir Osttirol in nördlicher Richtung durch das Tauerntal. Zum mautpflichtigen Felbertauerntunnel gibt es auf dieser Strecke leider keine Alternative, so daß wir schnell wieder ins Salzburger Land gelangen.

STALLER SATTEL (2052 METER)
OBERHAUS-PISTE (1786 METER)
KALSER GLOCKNER-STRASSE (1984 METER)

INFO OSTTIROL / SALZBURGER LAND

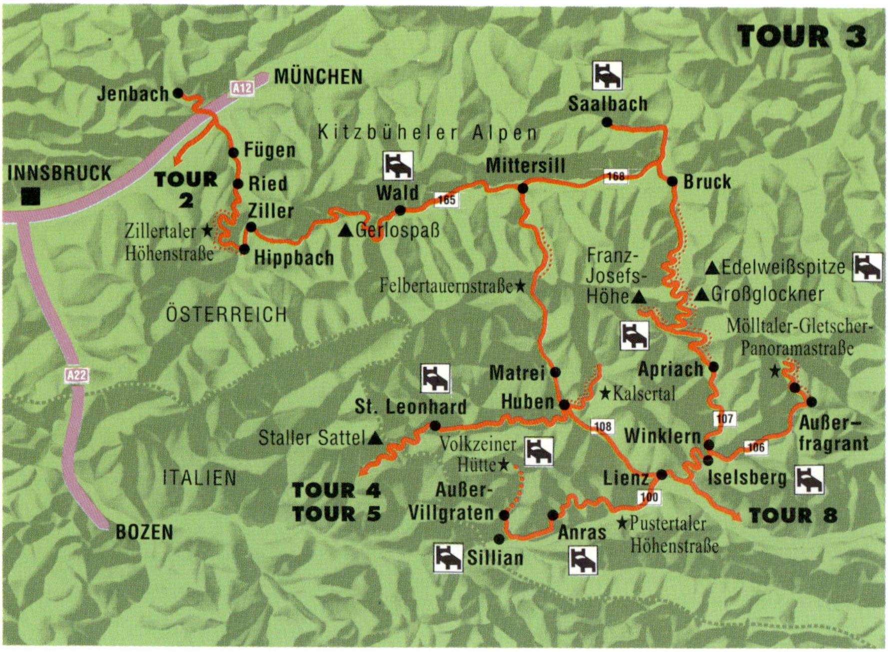

Gefahrene Strecke (einschließlich Abstecher): etwa 700 Kilometer

Karten:

Die Generalkarte, 1:200 000, Blätter 6 und 7, Österreich, Mairs Geografischer Verlag, je 8,80 Mark.

Route:

Jenbach – »169«- Fügen – Ried – *Zillertaler Höhenstrasse* – Hippbach – Zell am Ziller – Gerlosberg – Gerlos – *Alte Gerlos-Paßstraße (1507 Meter)* – Mittersill – Bruck – *Großglockner Hochalpenstraße (2 505 Meter)* – *Edelweißstraße* – *Edelweißspitze*

(2571 Meter) – Franz-Josefs-Höhe (2369 Meter) – Apriach – Mitten – Winklern – *Abstecher: »106« nach* Außerfragrant – *Mölltaler Gletscher-Panoramastraße* – Lienz – Huben – *Pustertaler Höhenstraße* – Anras – *Winkeltal – Volkzeiner Hütte (1886 Meter) – Pustertal* – Lienz – *Kalsertal – Kalser Glocknerstraße (1984 Meter) – Neues Lucknerhaus (1984 Meter) – Defereggental – Tauerntal – Felbertal – Staller Sattel (2502 Meter)* – Huben – Matrei – *Felbertauernstraße (1650 Meter)* – Mittersill – *Gerlospaß (1507 Meter).*

Übernachten:

- Frühstückspension Perfler,
Aue 166,
A – 9920 Sillian,
Telefon: 0043/4842/6354.
Alternativ zur Volkzeiner Hütte.

- Pension Adelheid,
Haus Niederegger,
A – 9920 Sillian,
Telefon: 0043/4842/6286.
Von Felbertauern kommend am Ortsende gegenüber der Kapelle. Gute Hausmannskost. Sehr freundliche Leute.

Volkzeiner Hütte: rustikal essen und schlafen

- Haus Oberweißen,
Privatzimmer und Gasthaus
Erwin Kleinlechner,
St. Leonhard 3,
A – 9963 St. Jakob,
Telefon: 0043/4873/5332.
Über den Staller Sattel ist man unmittelbar in den Dolomiten.

INFO OSTTIROL / SALZBURGER LAND

●● Volkzeiner Hütte, Winkeltal,
Kontaktadresse: Anton Vollger,
Arnbach 46, A – 9920 Sillian,
kein Telefon.
Einfache, aber urige Zimmer. Spezialität des Hauses: Lammschinken und Ziegenkäse. Anfahrt zur Hütte auf einer sechs Kilometer langen Piste durch Kiefernwald. Absolut ruhige Lage. Der Besitzer hat mittlerweile ein Motorradalbum angelegt. Er fotografiert alle Motorradfahrer, die seine Hütte besuchen und klebt die Bilder dann ein.

● Landhaus Jausern,
Christa und Günther Fresacher,
A – 5753 Saalbach 497,
Telefon: 0043/6541/7341.
Gehört zur Motorradhotel-Gruppe »Moho«. Sauna, Garage kostenlos. Zehn Prozent Ermäßigung bei Vorlage des Alpenbuches. Ausgearbeitete Tourenvorschläge. Halbpension mit Viergänge-Menue.

● Pension Sonnegg,
Georg und Antonia Fresacher,
A – 5753 Saalbach 552,
Telefon: 0043/6541/7142.
Schöne Hanglage, komfortabel und gemütlich.
Garage für Motorräder kostenlos.

● Karl Volkert Haus,
Großglockner-Gletscherstraße,
A – 9844 Heiligenblut,
Telefon: 0043/7249/48145.
Das Haus liegt direkt an der Großglockner-Gletscherstraße in 2 154 Meter Höhe. Neben Doppel-, Drei- und Vierbettzimmern gibt es auch Matratzenlager für rund 30 Personen.

●● Gasthaus Edelweiß-Spitze,
Edelweiß-Spitze am
Großglockner, Kurt Lederer KG,
A – 5672 Fusch/
Großglocknerstraße,
Telefon: 0043/6545/425;
im Winter: 0043/6545/6131.
Einmal ganz oben übernachten, in der 2 571 Meter hoch gelegenen Edelweisshütte auf der gleichnamigen Spitze. Ruhig und aussichtsreich. Geöffnet von Mai bis Oktober.

●● Hotel Iselsberger Hof,
Josef Obersteiner,
A – 9991 Iselsberg/Post Dölsch,
Telefon: 0043/4852/64112.
Telefax: 0043/4852/641124
Am Fuße der Südseite des Großglockners. Gehört zur Motorradhotelgruppe »Moho«. Biergarten, Sauna. Zelten im Garten gratis.

Gipfelstürmer: Edelweisshütte

●● Gasthof Pfleger,
Familie Mascher,
A – 9913 Anras,
Telefon: 0043/4846/6244;
Fax: 0043/4846/624420.
Schöner Gasthof, direkt an der Pustertaler Höhenstrasse.

●●● Hotel Schöneben,
A – 5742 Wald,
Telefon: 0043/6565/82890.
Nähe Gerlospaß. Zimmer mit Dusche/WC, Garage kostenlos, Sauna, Trockenraum, Terrasse, Halbpension möglich. Zehn Prozent Ermäßigung bei Vorlage dieses Alpenbuches.

Adressen:

Österreich-Werbung
(Adresse, siehe Vorarlberg)
Osttirol-Werbung,
Albin-Egger-Straße 17,
A – 9900 Lienz,
Telefon: 0043/4852/65333;
Fax: 0043/4852/653332.

Salzburger Land,
Tourismusgesellschaft,
Alpenstraße 96,
A – 5033 Salzburg,
Telefon: 0043/662/20506;
Fax: 0043/662/23070.

IM GRENZBEREICH

Im nördlichen Teil Südtirols stößt der Motorradwanderer
immer wieder auf die Vergangenheit.
Zahlreiche Kriegs-, sogenannte Mussolini-Straßen,
führen immer wieder
zu abgelegenen Grenzübergängen

Einstieg: die Timmelsjoch-Südrampe nach Meran

STALLER SATTEL (2052 METER) ANTHOLZER TAL

Vorsichtig mogeln wir uns an der langen Autoschlange vorbei, die sich vor dem Grenzübergang zwischen Österreich und Italien am Staller Sattel gebildet hat. Kurz vor dem Schlagbaum ordnen wir uns wieder in die Wartenden ein. Hoffentlich hat uns der Zöllner nicht gesehen. Der Stau ist nicht auf den laschen Arbeitsstil italienischer oder gar österreichischer Uniformierter zurückzuführen. Die Südtiroler Abfahrt vom Staller Sattel ins Antholzer Tal ist im ersten Teil nur kaum autobreit, der Paß deshalb abwechselnd immer nur in einer Richtung zu befahren. Die Abfahrt zum Antholzer See ist jede Stunde nur zwischen der ersten und 15. Minute erlaubt. Anhalten verboten.

IN EINER SPITZKEHRE ERWISCHE ICH IHN, ALS ER WEIT AUSHOLEN MUSS

Der italienische Zöllner, ganz Europäer, will uns gleich vorbeiwinken, aber der Österreicher muß noch etwas loswerden: »Wo ist denn ihr internationales Erkennungszeichen«. Was bitte? »Wenn Sie hier wieder ohne D-Schild einreisen, kostet das 45 Schilling Strafe«. Hier reisen wir bestimmt nicht mehr ein.

Nur drei Autos sind noch vor uns, als sich der Schlagbaum endlich hebt. Zwei machen

Auf eigene Gefahr: Piste zum Schlüsseljoch

Endstation: am Pfitscher Joch hört die Piste auf

Platz, der dritte ist die berühmte Ausnahme: »Wenn ich nicht schneller kann, dann kommt das Motorrad auch nicht vorbei«. Ein kurzes Hupen führt nur dazu, daß er in Schlangenlinien weiterfährt, um jeglichen Überholversuch zu verhindern.

In einer Spitzkehre komme ich schließlich ohne Risiko an ihm vorbei. In der nächsten gelingt es Elke ebenfalls zu überholen. Nun haben wir freie Bahn.

Hinter dem Antholzer See beginnt der gut ausgebaute Teil der Talstraße, die kurz vor Olang endet. Von hier ist es nur noch ein Katzensprung in die Dolomiten. Wir bleiben in Südtirol, folgen dem Pustertal über Bruneck bis Brixen. Bei vielen Ortsschildern sind die italienischen Namen übermalt, das Unabhängigkeitsstreben der Südtiroler durch die Ereignisse im Osten Europas erstarkt. »Zurück zu Tirol«, hört man nicht selten zwischen Brenner und Bozen.

Wer sich mit dem Motorrad in die Innenstadt von Bozen ver-

ANTHOLZER SEE OLANG PUSTERTAL

22 NUMERIERTE TUNNELS UND GALERIEN FÜHREN ZUM PENSERJOCH

PENSERJOCH (2215 METER)

irrt, verliert bei korrekter Beachtung der Verkehrsregeln beträchtlich Zeit. Das komplizierte Labyrinth verwinkelter Einbahnstraßen läßt sich nur durch gnadenloses Ignorieren diverser Verbotstafeln bewältigen. Wenn dann endlich das gesuchte braune Schild »Penserjoch« auftaucht, ist das dann schon einen kleinen, starken und schwarzen Espresso wert. Entweder, nach Durchfahren der Schluchtstrecke mit ihren 22 numerierten Tunnels und Galerien, in Sarntheim oder gleich auf der Paßhöhe, in 2215 Meter Höhe.

IN STERZING ZWEIGT EIN VOM TOURISMUS WENIG STRAPAZIERTES SEITENTAL AB

In Sterzing zweigt die »508« in das vom Tourismus wenig strapazierte Pfitscher Tal ab. Ab Wieden wird die Straße schön eng, um in Stein dann in eine Piste überzugehen, die aber von geübten Straßenfahrern durchaus zu meistern ist. Wen unterwegs der Mut verläßt, kann in den breit ausgebauten Kehren jederzeit wenden.

Wer bis zur italienisch-österreichischen Grenze möchte, hat einige langgezogene Serpentinen vor sich. Bei der Auffahrt beherrscht die eisgepanzerte Hochfernerspitze das Blickfeld. Ganz oben steht, wie eine Festung, die neue, im Sommer bewirtschaftete Pfitscher-Joch-Hütte. Ein Stückchen weiter dann der Grenzübergang, der

Kriegsveteran: der Schotterweg zum Pfitscher Joch

Mussolini-Straßen: am Brenner-Grenzkamm

PFITSCHER JOCH (2275 METER)

sich auf österreichischer Seite nur in einem Fußpfad fortsetzt. Direkt unterhalb der Pfitscher-Joch-Hütte stehen noch einige Befestigungsanlagen aus dem Krieg. Die letzten Sonnenstrahlen lassen die herbstlich-bunten Bäume im Tal erleuchten. Wir fahren zurück.

WER HIER ABRUTSCHT, KOMMT ERST WIEDER AUF DER BRENNER-AUTOBAHN ZUM LIEGEN

In St. Jakob finden wir einen alten Gasthof, der, mit viel Holz, stilvoll restauriert worden ist. In der Albergo Knappenhof sind Motorradfahrer gern gesehene Gäste. Der Chef, der selbst eine BMW K 100 fährt, erzählt uns von den vielen Kriegsstraßen, die es hier überall noch gibt. Die sogenannten Mussolini-Straßen dienen heute Mountainbike-Fahrern als willkommene Trainingstrassen, einige sind auch für Endurofahrer offen.

Obwohl diesmal nur mit einer Maschine unterwegs, einer BMW R 100 GS Paris-Dakar, bekommen wir Lust auf Schotter. In Wieden verspricht das graue Bändchen auf der Generalkarte »Südtirol« eine durchgehende Verbindung über das Schlüsseljoch zur Zirogalm. Der Wirt sagt, mit so einer Trial-

Maschine, wie wir sie hätten, müßte das gehen. Trial-Maschine? Das klingt weniger gut. Nach langer Suche finden wir die nicht beschilderte Abzweigung. Anfangs zivil geschottert wächst unsere Zuversicht, bis der Wald die Sicht auf eine Felswand freigibt. Ganz oben sehen wir die in den Fels gesprengte Trasse. Zwei Kehren weiter ist der mit faustgroßen Steinen übersäte Untergrund so locker, daß das Hinterrad durchdreht, das Motorrad steht quer. Der Blick über den unbefestigten Rand ins tief unter uns liegende Pfitscher Tal ist atemberaubend. Das hier ist etwas für leichte, einfach besetzte Enduros, ohne Gepäck. Wir legen die BMW auf den Zylinder, nutzen ihn als Drehpunkt und eiern das geschotterte Steilstück talwärts.

Nicht einfach, aber durchaus mit Sozius und schwererem Motorrad machbar, ist eine andere Mussolini-Straße, westlich der Brenner-Autobahn. In Sterzing zunächst Richtung Brenner, dann in Gossensaß links ab und sofort wieder rechts, zum Sandjöchl. Kaum zu glauben, daß der Brenner-Paß nur ein paar Kilometer entfernt ist. Immer steiler führt die Strecke nach oben, vorbei an halbverfallenen Mannschaftsunterkünften bis zur ehemaligen Wachhütte, kurz vor dem Grenzstein zu Österreich. Das Netz von Militärstraßen hier oben am über 2000 Meter hoch gelegenen Kamm ist schier unüberschaubar. Einige Male bleibt uns die Luft weg, als wir Steinrutsche passieren, die den Fahrstreifen so verengt haben, daß der rechte Zylinder über dem Abgrund hängt. Wer hier abrutscht, kommt erst auf der Brenner-Autobahn wieder zum Liegen.

SCHLÜSSELJOCH SANDJÖCHL (2099 METER) BRENNER-KAMMSTRASSE

Wer zurück ins Tal möchte, zweigt am besten bei jeder Möglichkeit rechts ab, irgendwann geht es dann abwärts. Die Vegetation wird wieder üppiger. Nach zwei unbeleuchteten Tunnels mit Sprunghügeln erreichen wir bei Brennerbad wieder die verkehrsbeunruhigte Landstraße

NEBENEINANDER FAHREND TASTETEN WIR UNS DURCH DIE DUNKLE, NASSE RÖHRE

Verfallen: alte Mannschaftsgebäude

Ö
97A
93A
97

Grenzkamm am Sandjöchl: kernige Piste zwischen Österreich und Italien

SS 12, auf der wir zurück nach Sterzing fahren.

Dort setzen wir die Fahrt durch die Sarntaler Alpen fort, über den landschaftlich sehr abwechslungsreichen Jaufenpaß. Er stellt die kürzeste Verbindung von Innsbruck, über den Brenner, nach Meran dar. Der schlechte Straßenzustand erfordert einige Aufmerksamkeit.

In St. Leonhard lädt der Sandhof, das angebliche Geburtshaus von Andreas Hofer, dem Tiroler Freiheitshelden, zur Rast ein. Unter Hofers Führung

Kurvenreich: die Anfahrt vom Timmelsjoch

wurde 1809 die bayrische Herrschaft über Tirol zerschlagen.

Ich muß an eine frühere Motorradtour denken. Es war noch bald im Jahr. Ende April, glaube ich. Zusammen mit zwei weiteren Motorradfahrern kamen wir von einer Gardasee-Endurotour zurück. Hier in St. Leonhard stand bereits das Schild: »Timmelsjoch gesperrt«. Für eine Enduro dürfte das bißchen Schnee kein Problem sein, sagten wir uns und düsten die reizvolle Südrampe zum Paß hoch. Aufgrund der Sperrung war die

Strecke angenehm verkehrsberuhigt. Ganz oben, am Scheiteltunnel, war das mächtige Tor noch ge- , aber nicht verschlossen. Wir öffneten es und tasteten uns, nebeneinander fahrend, durch die dunkle, nasse Röhre, bis zur anderen Seite. Auch hier war das Tor glücklicherweise nicht abgesperrt. Die Straße, rechts und links von gewaltigen Schneemassen eingefasst, war bereits geräumt. Zöllner waren nirgendwo zu sehen. Auch vor dem geschlossenen Schlagbaum nicht. Kurzerhand legte ich meine Enduro auf die Seite und wollte sie gerade unter der Schranke hindurch, auf österreichisches Hoheitsgebiet ziehen, als eine Stimme aus dem weißen Nichts erschallte: »Was machens denn da, dös is a illegaler Grenzübertritt«. Ein Uniformierter tauchte jeti-gleich auf. Blitzschnell hechtete ich zurück nach Italien.

Wir versuchten ihm zu erklären, daß wir im Ötztal Kaffee trinken wollten und er nur kurz aufmachen müßte. »Dös is unmöglich, die Grenz'n is zua«. Mittlerweile hatten sich weitere potentielle Grenzverletzer vor

Bockstark: Unterwegs mit Alpen-Enduro

dem Schlagbaum eingefunden. Der Österreicher erhob drohend sein Walkie-Talkie, fuchtelte damit in der Luft herum: »Geht's zruck, I hob fei an Funk«.

Die Eskapade kostete uns damals eine Menge Zeit, mußten wir doch über Jaufen- und Brennerpaß zurück nach Österreich fahren.

Heute ersparen wir uns Umwege, über Meran, den Vintschgau entlang, fahren wir bis Schlanders, dann weiter zur Kreuzung, wo es rechts auf der »40« über den wintersicheren Übergang des Reschenpasses zurück nach Österreich geht. Am Reschensee gibt es übrigens zwei Möglichkeiten zum Paß zu gelangen. Die viel befahrene Variante, rechts des Sees, oder auf einer winzigen Alternative, die in St. Valentin links ab geht. Von Nauders, in Nordtirol gelegen, gibt es eine sehr schnelle Verbindung über die Norbert-Höhe ins Unterengadin.

Wer nicht über den Reschenpaß zurückfährt, dem steht noch der Höhepunkt der Südtirol-Tour bevor: das Stilfser Joch, Königin der Alpenstraßen, mit insgesamt 87 anspruchsvollen Kehren. Seit ihrer Eröffnung im Jahre 1826 hat sich an der Trassenführung kaum etwas Grundlegendes geändert. Bei der Abfahrt Richtung Bormio sehen wir deutlich, wo entschärft worden ist.

Ärgerlich: österreichischer Zöllner mit Funk

Die alten, superengen Kehren sind noch rechts der Straße zu sehen und zu befahren. Auf der östlichen Seite zwischen Gomagoi und der Paßhöhe gibt es 48 numerierte Kehren, auf der anderen Seite deren 39.

TIMMELSJOCH (2483 METER) JAUFENPASS (2099 METER) STILFSER JOCH (2758 METER)

Wer zur Mittagszeit, oder am Wochenende fährt, ist selber schuld. Viele Wohnmobilfahrer wollen unbedingt den Stilfser Joch-Aufkleber auf der Windschutzscheibe haben, quälen sich deshalb im Gletschertempo himmelwärts, stoßen dichte Dieselwolken aus und in fast jeder Kehre zurück, um die Kurve zu kriegen. Das Stilfser Joch mit

MITTLERWEILE STEHEN WEITERE POTENTIELLE GRENZVERLETZER VOR DEM SCHLAGBAUM

25
2168

Stilfser Joch, die 25.: bleiben noch 62 Kehren übrig

SÜDTIROL

Südtirol: Land zwischen Burgen und Wein

Genuß funktioniert nur an Werktagen, früh morgens.

Kurz hinter der Paßhöhe, Richtung Bormio, zweigt nach rechts die Straße zum Umbrail-Paß ab, der Grenzübergang in die Schweiz liegt direkt an der Kreuzung.

Bei einer Erkundungstour für die Neuauflage des Alpenbuches erwischte es uns mitten im Juli eiskalt am Stilfser Joch. Bei heftigem Regen kamen wir am Vortag aus dem Süden, über den Gavia-Paß.
Wir nächtigten in Bormio und starteten früh am nächsten Morgen. Immer noch im Regen. Das erste Hindernis auf dem Weg nach oben war ein Steinrutsch, an dem bereits einige Autos scheiterten. Für die Enduros eine willkommene Abwechslung. Mit den Höhenmetern ging der Regen langsam, fast unmerklich in Schneeregen, schließlich in Schneefall über. Ganz plötzlich war alles weiß, das Visier zugeeist, Elkes Spur vor mir im Schnee kaum mehr zu sehen.

Mit der leichteren Kawasaki KLE kam sie flotter voran. Das Tiger-Hinterrad drehte in den Spitzkehren immer wieder durch. Plötzlich war Schluß. Eine elegante Drehung und ich blieb in einer Kehre liegen. Immer wieder rutschte mir das Motorrad beim Aufheben weg, das Schneegestöber war so heftig, daß ich die Hand nicht vor den Augen sehen konnte. Schließlich tauchte Elke aus dem Nebel auf. »Zwei Kehren weiter oben ist die Schutzhütte, meine Maschine steht schon oben«. Wir schoben die Tiger an den Straßenrand und stiefelten nach oben. In der Hütte bullerte ein Holzofen. Nach der heißen Schokolade versuchten wir mit Händen und Füßen von den italienischen Hüttenpächtern zu erfahren, ob und wann ein Räumfahrzeug kommen würde. Wir verstanden irgendetwas mit zehn Minuten. Vor, oder in zehn Minuten? Sichtlich genervt, wischte die Bedienung mit einem Lappen, die sich unter uns bildenden Schmelzwasserpfützen auf.

GAVIA-PASS (2618 METER) UMBRAIL-PASS (2501 METER)

Wir waren direkt am Umbrailpaß, dem Grenzübergang in den Schweizer Kanton Graubünden, der noch einige Höhenmeter unter dem Stilfser Joch liegt. Zwei Stunden später kam das Räumfahrzeug. Wir schaufelten die eingeschneite Triumph aus und beim zweiten Anlauf kam auch ich bis zur Hütte. Da der weitere Anstieg im Schneesturm zum Stilfser Joch wenig Erfolg versprach, entschieden wir uns über den Umbrailpaß in die Schweiz abzusteigen.

AM STILFSER JOCH WERDEN WIR MITTEN IM JULI VÖLLIG EINGESCHNEIT

INFO SÜDTIROL

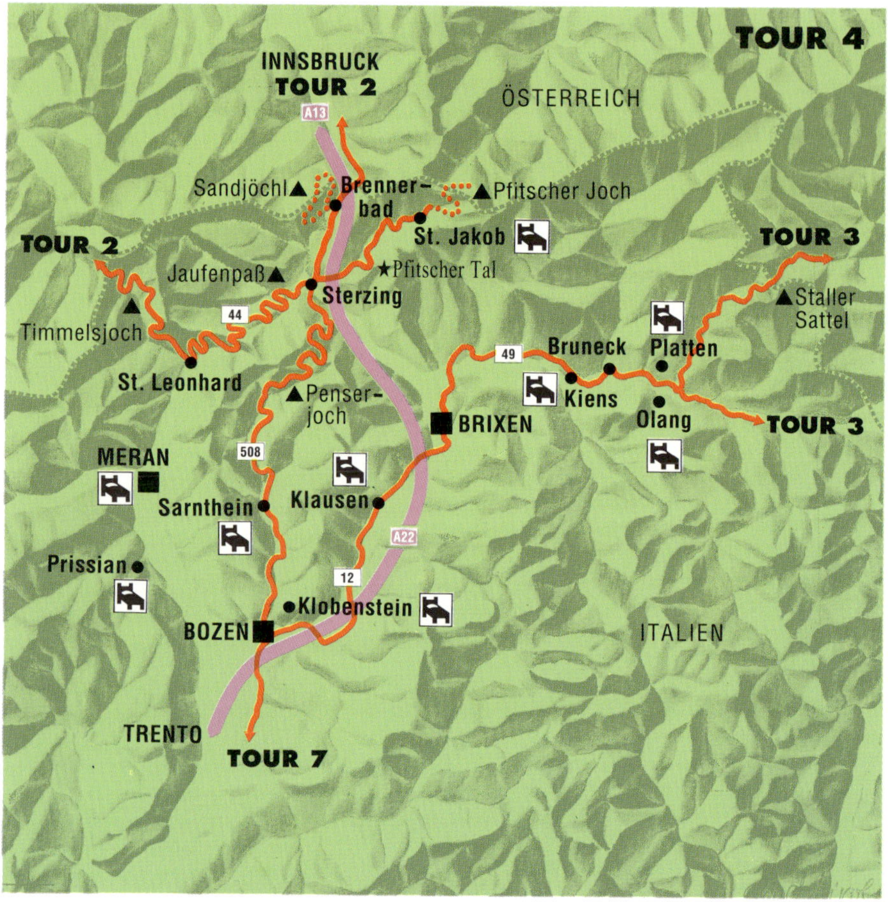

Gefahrene Strecke
(einschließlich Abstecher):
etwa 550 Kilometer

Karte:

Die Generalkarte, 1:200 000,
Blatt Südtirol,
Mairs Geografischer Verlag,
8,80 Mark.

Route:

Staller Sattel (2 052 Meter) – *Antholzertal* – Olang – Bruneck – Pustertal – Brixen – Klausen – Bozen – Sarntheim – *Penserjoch (2 215 Meter)* – Sterzing – *Brennerlandstraße* – *Pfitscher Tal* – *Pfitscher Joch (2 275 Meter)* – Gossensaß – *Sandjöchl (2 165 Meter)* – Brennerbad – *Brennerlandstraße* – Sterzing – *Jaufenpaß (2 099 Meter)* – St. Leonhard – *Timmelsjochstraße Südauffahrt (2 483 Meter)* – St. Leonhard – Meran – Schlanders – *Reschenpaß (1504 Meter)* – Gomagoi – *Stilfserjoch (2 758 Meter).*

Übernachten:

- Gasthof Schönblick,
I - 39030 Platten/ Percha,
Telefon: 0039/474/41182.
Vom Brenner, hinter Bruneck, links zehn Kilometer bergauf bis zum Ende einer Sackgasse.

- Pension Garni Kranzelstein,
Kellerburgweg 17,
I - 39058 Sarntheim,
Telefon: 0039/471/623135
oder 623172.
Am Rande des Ortskerns.
Garage kostenlos.

- Gasthof Gamp,
Giesbruck 22,
I - 39043 Klausen,
Telefon: 0039/472/47425.
Halbpension möglich.
Camping ebenfalls.

- Pension Schraffl-Belmonte,
I - 39054 Klobenstein-Ritten,
Provinz Bozen,
Telefon: 0039/47 10/356131;
im Winter: 0039/47 10/979368.
Zimmer mit Dusche/Bad/WC,
Garten mit Sonnenterrasse,
großes Frühstücksbuffet,
Anbau von Biogemüse.

- Haus Hoferhof,
Familie Alois Gänsbacher,
I - 39058 Sarntheim,
Telefon: 0039/471/623253.
Richtung Bozen, hinter Sarntheim links, in höherer Hanglage. Die ausgeschilderte Straße zum Hoferhof ist schmal und kurvenreich, aber befestigt. Überdachter Parkplatz.

- Pension Rubatscher Hof,
I - 39030 Geiselsberg-Olang,
Telefon: 0039/474/46366.
Bauernhof, neun Betten, Garage

kostenlos. Halbpension möglich. Für Nichtraucher besteht die Möglichkeit sehr romantisch im Heu zu übernachten.

●● Hotel Knappenhof,
St. Jakob 12,
I – 30040 Pfitsch,
Telefon: 0039/472/60105.
Neu renoviert, sehr ruhige Lage im Pfitscher Tal. Gutes und reichhaltiges Essen (unbedingt Schlutzkrapfen probieren). Wirt fährt BMW K 100 und gibt Tourentips.

Rasant: Wolkenstein-Ritt

●● Pension-Restaurant
Eichenhof, Jaufenstraße 21,
I – 39019 Dorf Tirol/Meran,
Telefon: 0039/473/37114.
Zwei Kilometer von Meran entfernt. Garage kostenlos. Halbpension und Vierbettzimmer möglich.

●● Frühstückspension
Herbert Weger,
I – 39030 Kiens/Pustertal,
Telefon: 0039/474/565246.
Alle Zimmer mit WC, Dusche, Garage kostenlos, Trockenraum, jedes Zimmer mit Balkon. Ein kleiner Badesee ist nur etwa zwei Kilometer entfernt.

●● Latscher Hof
I – 39021 Latsch/Vinschgau,
Telefon: 0039/473/623152;
Fax: 0039/473/622067.
Sehr schöne Zimmer und gutes Essen. Sehr nettes, junges Wirts-Ehepaar.

●●● Gästehaus Schloß
Fahlburg, Prissian,
I – 39010 Tisens,
Telefon: 0039/473/90930.
Die Burg geht auf das 12. Jahrhundert zurück und wurde 1640 zu einem Renaissance-Schloß umgebaut. Heute eines der wenigen Gasthäuser, das noch völlig in seinem ursprünglichen Charakter erhalten ist. Das unter Denkmalschutz stehende Anwesen gehört zu den alten Besitzungen der Grafen

Angenehme Ruhe: Schlafen im Schloß

Brandis und wird von den Mitgliedern der Familie geführt.

●●●● Hotel Schloß Sonnenburg
I – 39030 St. Lorenzen
Telefon: 0039/474/474099
Fax: 0039/474/474049.
Stilvoll restauriertes Schloßhotel im Pustertal. Ausgezeichnetes Essen. Etwas zum Sich-Verwöhnen-Lassen am Ende einer harten Alpentour. Motorräder stehen sicher und überdacht im Burghof.

Sehenswert:

Jährlich im Juni findet der Oswald von Wolkenstein-Ritt statt. An die 30 Mannschaften kämpfen um die begehrte Oswald von Wolkenstein-Standarte und versuchen ihre Mitbewerber in Schnelligkeit und Geschicklichkeit im Sattel zu übertrumpfen. Alle Pferderassen sind zugelassen, nach wie vor dominieren aber die blonden Haflinger. Einzelheiten und Infomaterial über das Gebiet und die Reiterspiele können kostenlos angefordert werden:

Organisationskomiteé des Oskar-von-Wolkenstein-Ritts,
Telefon/Fax: 0039/471/977079;

Adressen:

Staatliches Italienisches Fremdenverkehrsamt ENIT,
Kaiserstraße 65, 60329 Frankfurt,
Telefon: 069/237430;
Fax: 069/232894.

DOLOMITEN

IM RAUSCH DER HÖHE

Neben der bekannten Sella-Runde bieten die Dolomiten auch weniger befahrene Strecken, vor allem in ihrem östlichen Teil

Zackig: die Peitlerkofel-Gruppe an der Würzjoch-Straße

In Brixen verlassen wir die Brennerlandstraße und tauchen ein in unseren Dolomitentrip. Ein bißchen schwierig ist es schon die Abzweigung nach Milland zu finden. Schließlich ein braunes Schild mit weißer Schrift: »Plose«. Wir sind richtig. Der Einstieg könnte nicht besser sein. Griffiger Asphalt, eine kleine Straße und flott zu fahrende Kurvenkombinationen. Dazu noch blauer Himmel mit ein paar Wolkenschäfchen.

Erst ein deutscher Ausflugsbus bremst unseren Vorwärtsdrang. Er sieht uns, macht aber keinen Platz, sondern nutzt erst recht die ganze Fahrbahn. Das schlaueste in solchen Situationen ist einfach an irgendeiner schönen Stelle – davon gibt es in dieser Gegend ja genug – anzuhalten und zu warten, bis sich das Verkehrshindernis verzogen hat. Wer riskant überholt, dessen Urlaub kann schnell zu Ende sein.

Wir machen zunächst einen Abstecher zur Plosehütte. Die Abfahrt nach Süden, Richtung Würzjoch, ist dann glücklicherweise für Busse verboten.

Klein, aber super: die Würzjoch-Strecke

Idyllisch: Rast am Grödner Joch

Ganz plötzlich taucht die gewaltige Kulisse der gezackten Peitlerkofel-Gruppe vor uns auf. Dolomit, ein besonders hartes Kalkgestein, härter als alles andere, ragt steil nach oben und gibt den berühmtesten Bergen der Alpen seinen Namen: Dolomiten.

Am Halsl vorbei fahren wir zum Würzjoch hoch. Ganze Bauernfamilien sind dabei das gemähte Gras zu wenden, damit es von allen Seiten gut trocknet.

Die Straße ist eng und kurvig. Am Würzjochhaus ist zu viel los, wir fahren gleich wieder hinunter nach Untermoi. In St. Martin sind wir auf der Hauptstraße, der »244«, Richtung Süden. Obwohl sie rot in der Generalkarte eingezeichnet ist, was auf relativ viel Verkehr hindeutet kommen wir flott voran.

In Corvara erreichen wir das Herz der Dolomiten. Der Bergort liegt an der berühmten und beliebten Sella-Runde, dem Pässequartett aus Grödner Joch, Sellajoch, Pordoipaß und Passo di Campolongo.

In Corvara bietet sich ein Basisquartier für zwei oder gar drei Tage an. Alle bekannten Dolomiten-Pässe liegen in Reichweite und unbelastet von Gepäck und Tageskilometer-Leistung lassen sie sich einfach besser genießen. Ein ganz besonderer Tip ist die Pension Villa

PLOSE (2246 METER) WÜRZJOCH (1987 METER)

GANZ PLÖTZLICH TAUCHT DIE GEWALTIGE KULISSE DER GEZACKTEN PEITLERKOFEL-GRUPPE AUF

Bekannt und beliebt: die Sella-Runde

»La Fontana« in Corvara, am Ortseingang links, wenn man vom Passo di Campolongo kommt.

Die Küche ist, unserer Meinung nach, eine der besten in den Alpen und die Chefin Signora Rottonara mag Motorradfahrer sehr gerne.

So untergekommen, steht der Sella-Umrundung nichts mehr im Wege, wobei alle vier Pässe jeweils auch in Gegenrichtung befahren werden sollten.

Wie schon beim Großglockner und Stilfser Joch empfehlen sich die frühen Morgenstunden der Werk- als Fahrtage. Wer

dann noch den italienischen Urlaubsmonat August meidet, kommt garantiert auf seine Kosten.

Ist genügend Randprofil an das Pässe-Quartett abgegeben worden, bietet sich ein weiterer Tagestrip an. Wir verlassen die Sella-Gruppe Richtung Arabba.

Dabei überqueren wir nun schon zum wiederholten Male Passo di Campolongo und Passo Pordoi. Einige Kurvenkombinationen wirken bereits vertraut. Der Hausstreckeneffekt. Entsprechend flott erschließen wir Neuland.

Über Canazei gelangen wir auf der »641« zum Fedaia-See. Wenig später ist der gleichnamige Paß an der Reihe. Das berühmte Schluchtenflitzer-Foto schießen wir auf der neuen Straßenbrücke über die Sottoguda-Schlucht.

Um alte und neue Straße unter die Räder zu nehmen fahren wir eine Acht. Erst auf der Hauptstraße bis Sottoguda, dann im Ort links auf die alte Schluchtstraße, die mittlerweile zur Einbahnstraße erklärt worden ist, also nur noch in dieser Richtung befahren werden kann.

Der Col di Lana wärmt uns an für den Falzarego, wo wir in eine Seilbahn umsteigen.

Es kitzelt ordentlich im Bauch, als wir die über 600 Meter zum Kleinen Lagazuoi überwinden. Wir haben wieder Glück mit dem Wetter. Nur die Krümmung der Erdoberfläche vermeidet eine unendliche Sicht.

Der Passo di Valparola ist der letzte, der jetzt noch vor Corvara liegt. Es sei denn, Sie haben immer noch nicht genug und

GRÖDNER JOCH (2121 METER)
SELLA JOCH (2213 METER)
PORDOI-JOCH (2239 METER)
PASSO DI CAMPOLONGO (1875 METER)
SOTTOGUDA-SCHLUCHT
COL DI LANA (2462 METER)
PASSO DI FALZAREGO (2105 METER)

WER DEN ITALIENISCHEN URLAUBSMONAT AUGUST MEIDET, KOMMT VOLL AUF SEINE KOSTEN

Sella-Joch: immer an der Wand lang

Schattig: die spektakuläre Sottoguda-Schlucht

Typisch Italienisch: Stadtansicht von Pieve

wollen das Grödner Joch unbedingt noch einmal im Abendlicht genießen. Es lohnt sich wirklich. Aber seien sie rechtzeitig zurück. Pünktlich um halb acht serviert Signora Rottonara das Abendessen. Und wer möchte schon eine der delikaten Vorspeisen verpassen.

Am nächsten Tag verlassen wir vollbepackt das Dolomiten-Zentrum. Über Arabba und Pieve fahren wir nach Andraz und nach nur einmaligem Verfahren finden wir den richtigen Weg zum Passo di Giau. Ein relativ wenig befahrener Übergang mit sanftem Anstieg und ebensolchen Kurven. Ein anfängerfreundlicher Paß, so richtig etwas zum Einsteigen ins Bergfahren. Und oben gibt es ein tolles Panorama mit Blick auf den Monte Gusella.

Den mondänen Skiort Cortina d'Ampezzo tangieren wir nur peripher. Die Straße zum gut ausgebauten Passo Tre Croci finden wir schnell und ebenso zügig haben wir die Paßhöhe hinter uns. Bevor wir auf der »48« weiter nach Südosten rollen, machen wir einen kurzen Abstecher zu den Drei Zinnen, italienisch Tre Cime. Ein solch gigantisches Panorama lockt na-

PASSO DI VALPAROLA (2192 METER)
PASSO DI GIAU (2233 METER)

EINE NEU ERBAUTE MAUER AM BERG SOLL VOR WEITEREN ERDRUTSCHEN SCHÜTZEN

PASSO TRE CROCI (1809 METER)
DREI ZINNEN (2320 METER)
SELLA CIAMPIGOTTO (1790 METER)
SELLA RAZZA (1745 METER)
FORCOLA DI LAVARDET (1542 METER)
SELLA NEVEA (1189 METER)

türlich viele Touristen an – und kostet Wegezoll. Knapp zehn Mark pro Motorrad werden für die Fahrt nach oben fällig.

Südlich von Auronzo di Cadore wird es wieder ruhiger, viel ruhiger. Kurz hinter Bagni di Gogna zweigt im spitzen Winkel eine winzige Straße Richtung Vigo di Cadore und Laggio ab.

Unglaublich, wie plötzlich der Übergang von einer relativ stark befahrenen zu einer völlig einsamen Straße sein kann. Nur Bergwelt, ein paar kleine Dörfer. Wir kurven nach oben. Nebelschwaden hängen in den Wiesen. Kleine, runde Tannenzapfen liegen auf der Fahrbahn wie Rollsplitt. Je höher sich die Straße nach oben zur Sella Ciampigotto schraubt, desto schlechter wird sie.

Eine neu erbaute Mauer am Berg soll vor weiteren Erdrutschen schützen.
Hinter der Sella Razza folgen wir der Beschilderung zur Forcola di Lavardet.

Die Kehren der in der Karte eingezeichneten Piste nach Sauris sind durch Steinschläge mittlerweile fast völlig abgerutscht. Extrem-Enduristen mit Seilsicherungen kämpfen sich, wie wir selbst beobachten konnten, allerdings noch immer durch.

Kurz vor der ersten Engstelle sind riesige Betonhindernisse aufgestellt worden, die vermeiden sollen, daß Autolenker weiterfahren und dann abstürzen.

Dreigezackt: Tre Cime oder Dreizinnen heißt der Steinbrocken

Passo di Giau: Wiese mit Gusella-Blick

Die wunderbare Kurvenstrekke durch das Canale S. Canziano entschädigt für die weggefallene Pistenfahrt.

Die Strecke auf der »52«, von Ampezzo über Tolmezzo nach Chiusaforte ist dann weniger spannend. Erst ab dem letztgenannten Ort wird es wieder interessanter. Auf der Sella Nevea-Strecke herrscht kaum Verkehr. In unbeleuchteten Kehrentunnels steigt die Straße an. Sie endet direkt am Predilpaß, dem Grenzübergang nach Slowenien.

Wer nicht nach Slowenien möchte oder gerade von dort zurückkommt, fährt Richtung Norden weiter, auf der »54« nach Tarvisio. In den Karnischen Dolomiten wartet ein weiterer Lekkerbissen. Zunächst gilt es jedoch die langweilige »13« bis Pontebba zu bewältigen. Dort nach der Kirche die kleine Abzweigung nach Stella Lanza zu finden ist gar nicht so einfach.

Eine autobreite, löchrige Straße kreuzt immer wieder auf kleinen Brücken mit fast weggerosteten Geländern die Pontebbana. Schließlich schwingt sie sich in kühnen Haarnadeln bergan. Der Asphalt hat sich mittlerweile fast völlig aufgelöst. Auf der Paßhöhe gibt es sogar eine bewirtschaftete Hütte. Doch der freudig erwartete Espresso ist eine Katastrophe, die Leute scheinen eher nicht so sehr auf Motorradfahrer zu stehen, vielleicht reicht auch der Strom aus dem Generator nicht ganz für den Energiebedarf der Espresso-Maschine aus. Kein Problem, wir sind schon weg. Die Paßabfahrt ist landschaftlich noch viel schöner als die Auffahrt. Der Weg ist sehr eng und unübersichtlich. Das Straßengeländer stark ramponiert, teilweise durchbrochen. In einer Felsnische steht eine Madonna-Figur.

Paularo ist die nächste größere Siedlung auf der Strecke. Zwischen Paluzza und Comeglians röhrt auf einer kurvigen

Die Piste nach Sauris ist nur noch etwas für Extrem-Enduristen

Bergstraße eine rote Spoiler-Flunder an uns vorbei. Bei einem wohlschmeckenden Espresso in der nächsten Bar erfahren wir, was es damit auf sich hat. Die alljährliche Karnische Rallye startet am nächsten Tag irgendwo hier in der Gegend und die Jungs fahren sich schon mal ein bißchen auf der Strecke warm.

An der Cima Sappada scheinen wir die Tiefflugzone hinter uns zu haben. Etwas entspannter rollen wir nach Santo Stefano di Cadore weiter. Die alte Straße an der Piave entlang ist gesperrt und so landen wir unweigerlich im Tunnel. Dahinter in Richtung Süden herrscht ein gewaltiges Verkehrschaos. Es ist Freitagnachmittag. Dutzende von Lkw quälen sich über die »51 bis«. Erst als wir nach Cibiana abbiegen, können wir wieder aufatmen.

Es ist spät geworden und wir suchen ein ruhiges Nachtquartier. Die Gipfelhütte auf der Forcola Cibiana gefällt uns nicht. Zu viele Autos parken davor. Kälte zieht langsam unter die Klamotten. Die Mägen knurren, aber wir wollen nicht einfach irgendwo rein. In Dont entscheiden wir uns für die Auffahrt zum Passo Duran, weil der Name so schön rockig klingt. Glück gehabt. Die Straße ist kaum befahren und das ruhig

Molto bene: Espresso plus Tiramisu

und idyllisch gelegene Rifugio San Sebastiano, oben auf der Paßhöhe, hat noch ein Zimmer frei. Das Essen schmeckt hervorragend, der Rotwein und das offene Kaminfeuer wärmen uns wieder auf.

Und der sehr gut Deutsch sprechende Besitzer hat noch eine besondere Überraschung parat: selbstangesetzte Grappe in verschiedenen Geschmacksrichtungen, mit jungen Tannennadeln, Waldbeeren, Sultaninen, Kümmel, Johannisbeerbrot und so weiter. Der Tannen-Grappa schmeckt nach Wald und mehr. Eigene Grappa-Geschmacksrichtungen zu kreieren ist in dieser Gegend weit verbreitet, erfahren wir.

STELLA LANZA (1567 METER)
CIMA SAPPADA (1292 METER)
PASSO DURAN (1605 METER)

IN DEN UNBELEUCHTETEN KEHRENTUNNELS STEIGT DIE STRASSE ZUM PREDILPASS HOCH

PASSO DI ROLLE (1989 METER)

DER HAUSGEMACHTE TANNENGRAPPA AUF DER DURANPASSHÖHE SCHMECKT NACH WALD UND MEHR

Der Sommer scheint kurz zu sein hier oben, im Frühstücksraum hängt noch oder schon die Weihnachtsdekoration. Am Straßenrand stecken Schneemeßlatten. Es ist Anfang Juli.

Am nächsten Tag haben wir Pech mit dem Wetter. Es regnet in Strömen. Über Gosaldo und Tonadico tasten wir uns auf die »50« Richtung Norden. Am Passo di Rolle reißt der Himmel etwas auf, der Regen läßt nach. Die Generalkarte verspricht ein kleines Sträßchen, das vor der Paßhöhe über den Passo Costazza führen soll. Doch das war einmal. Eine Schranke mit Wärter verhindert wirksam, daß sich außer den lizensierten Busfahrern irgendein anderer Motorisierter auf die Piste wagt. Also ganz normal über den Rollepaß und dann Richtung Passo di Valles. Auch nicht schlecht diese Straße. Den bekannten Skiort Moena erreichen wir über S. Pellegrino durch das gleichnamige Tal.

Jetzt ist es nicht mehr weit nach Bozen, dem Endpunkt der Dolomitentour. Doch einen Höhepunkt haben wir noch anzubieten. In Vigo di Fassa fahren wir auf der Großen Dolomitenstraße Richtung Bozen. Sie umfasst den 109 Kilometer langen, hochalpinen Streckenabschnitt zwischen Cortina d'Ampezzo

Einsam: die Paßstrecke zur Sella Nevea

Geschützt: Abfahrt von der Stella Lanza

und Bozen, mit der Pässe-Reihe: Falzaregopaß, Pordoijoch und Karerpaß. Die beiden ersteren kennen wir ja bereits, auf letzteren verzichten wir, entscheiden uns stattdessen für die landschaftlich attraktivere Variante über den Nigersattel. Und selbst hier gibt es noch eine Steigerung.

Es geht tatsächlich noch enger und kleiner. Kurz hinter Tiers ist eine Gabelung. Wir stürzen uns links das 24%ige Gefälle ins Tal. Durch schmale Felsschluchten erreichen wir Blumau, das direkt an der Brennerlandstraße liegt.

PASSO DI
VALLES
(2032 METER)
FALZAREGOPASS
(2105 METER)
PORDOIJOCH
(2239 METER)
KARERPASS
(1745 METER)
NIGER-SATTEL
(1688 METER)

ES GEHT DOCH
TATSÄCHLICH
NOCH KLEINER
UND ENGER.
KAUM ZU
GLAUBEN

Kleiner geht's nicht: Abzweig nach dem Niger-Sattel

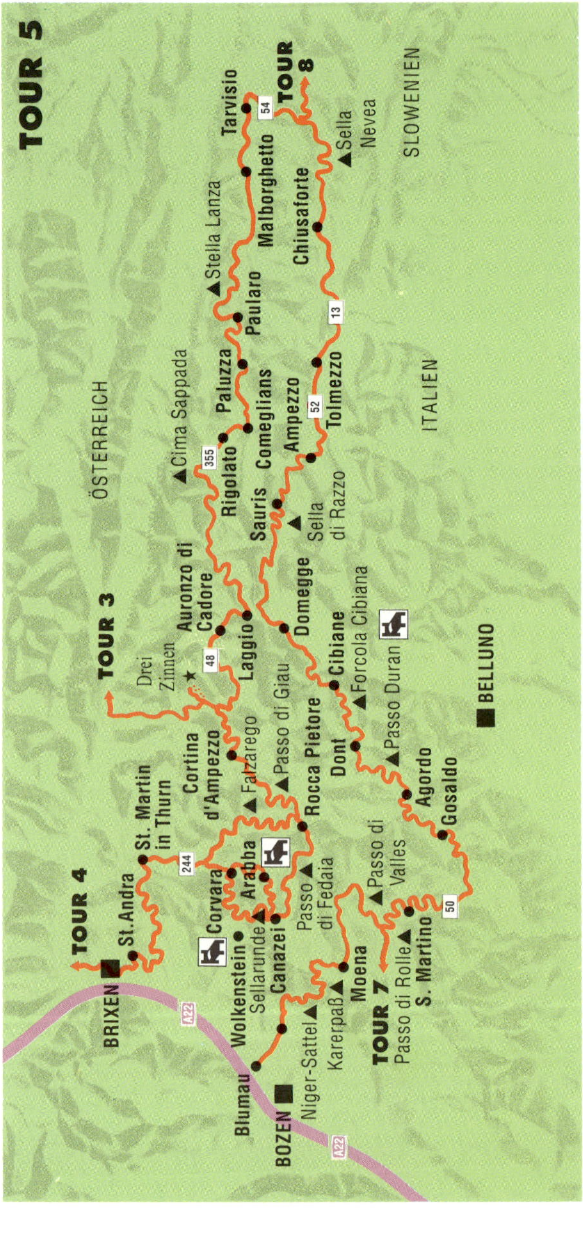

Gefahrene Strecke (einschließlich Abstecher): etwa 780 Kilometer.

Karten:

Die Generalkarte, 1:200 000, Blatt Südtirol und Blatt 6 Österreich, je 8,80 Mark, Mairs Geografischer Verlag.

Route:

BRIXEN – Milland – St. Andra – St. Georg – *Plosehütte (2 246 Meter) – Halsl (1863 Meter) – Würzjoch (1987 Meter)* – St. Martin in Thurn – »244« Süd – *Gadertal* – St. Leonhard – Altin – Corvara – *Sellarunde – Grödner Joch (2 121 Meter) – Sella-Joch (2 213 Meter) – Pordoi-Joch (2 239 Meter) – Passo di Campolongo (1875 Meter)* – Corvara – *Abstecher: Passo di Campolongo – Pordoi-Joch* – Canazei – »641« – *Lago di Fedaia – Passo di Fedaia (2 056 Meter) – Sottogudaschlucht* – Rocca Pietore – Pieve di Livinallongo – *Col di Lana (2 462 Meter) – Passo di Falzarego (2 105 Meter) – Passo di Valparola (2 192 Meter)* – Corvara – *Passo di Campolongo* – Arabba – Buchenstein – Andraz – Selva di Cadore – *Passo di Giau (2 233 Meter)* – CORTINA D'AMPEZZO – *Passo Tre Croci (1809 Meter)* – Abstecher: »48 bis« – *Drei Zinnen (Tre Cime) (2 320 Meter)* – »48« – Auronzo di Cadore – Laggio –

Riesig: Grappa-Auswahl am Passo Duran

Vigo di Cadore – »619« – *Sella Ciampigotto (1790 Meter) – Sella Razzo (1745 Meter) – Forcola di Lavardet (1542 Meter)* – Pesariis – Prato – Ovaro – Ampezzo – Socchieve – Tolmezzo – Chiusaforte – *Sella Nevea (1189 Meter) – Predilpaß (1156 Meter) – »54 Nord« – Tarvisio – »13« – Malborghetto – Pontebba – Stella Lanza (1567 Meter)* – Paularo – Paluzza – Ravascletto – Comeglians – »355« – Rigolato – Forni Prato – *Cima Sappada (1292 Meter)* – San Pietro di Cadore – Santo Stefano di Cadore – »52« – »51bis« – Lozzo di Cadore – Domegge di Cadore – Pieve di Cadore – Valle di Cadore – »347« – Cibiana – *Forcola Cibiana (1528 Meter)* – Forno di Zoldo – Dont – Chiesa – *Passo Duran (1605 Meter)* – Agordo – »347« – Gosaldo – Tonadico – »50 Nord« – *Val Cismon* – S. Martino – *Passo di Rolle (1989 Meter) – Passo di Valles (2032 Meter)* – S. Pellegrino – »346« – Moena – Pozza di Fassa – *Karerpaß (1745 Meter) – Niger-Sattel (1688 Meter)* – Tiers – links nach Blumau – Bozen.

Übernachten:

●● Helm-Hotel,
Familie Patzleiner,
I – 39038 Innichen,
Telefon: 0039/474/910042;
Fax: 0039/47/910064.
Die Dolomiten liegen direkt vor den Hotelzimmer-Fenstern. Günstiger Ausgangspunkt für Touren. Zimmer mit Halbpension.

Liebenswert: Signora Rottonara und ihre Söhne

●● Rifugio San Sebastiano
di Cordella Modesto,
Passo Duran,
Telefon: 0039/437/62360.
Gemütliche und rustikale Paßhütte am Passo Duran. Gutes Essen. Bei Vorlage des Buches und Übernachtung gibt es einen Grappa mit Tannengeschmack.

●● Hotel Marilena,
Familie Dander,
Via Centro 16,
I - 32030 Arabba,
Telefon: 0039/436/79128.
Zimmer mit Dusche, WC, Telefon, TV, Hausbar. Unterstellmöglichkeit für Motorräder.

●●● Albergo Col di Lana,
Passo Pordoi 78,
I - 38032 Canazei,
Telefon: 0039/462/61277.
Oben auf dem Pordoijoch.
Zimmer mit Dusche, WC.

●●● Pension Villa La Fontana,
Margherita Rottonara,
Alta Badia,
I - 39033 Corvara,
Telefon: 0039/471/836000,
Fax: 0039/471/836707.
Eines der besten Restaurants in den Alpen, mit mehrgängigen Gourmet-Menus. Signora Rottonara führt das Hotel mit ihren beiden Söhnen.

●●● Hotel Evaldo,
I - 32020 Arrabba/Belluno,
Telefon: 0039/436/79109
oder 79281,
Fax: 0039/466/79358.
An der Hauptstraße. Zimmer mit Dusche. Garage kostenlos, Trockenraum vorhanden. Sauna, Solarium, Whirlpool. Gruppenermäßigung ab 20 Personen.

●●● Gasthaus Gerard,
Grödnerjochstraße,
I - 39048 Wolkenstein,
Telefon: 0039/471/795274,
Fax: 0039/471/794508.
An der Grödnerjochstraße. Nur 16 Betten, deshalb rechtzeitige Voranmeldung dringend erforderlich. Garage kostenlos.

Adressen:

Italienisches Fremdenverkehrsamt, Adresse, siehe Südtirol.

Extra-Tip:

In Italien ist es beim Übernachten immer besser den Halbpensionspreis zu wählen. Das kommt viel günstiger als den Übernachtungspreis und ein Abendessen zu zahlen. Meist ist bei »Mezzo Pensione« sogar der Hauswein bereits enthalten.

GRAD-WANDERUNG

Der größte Schweizer Kanton birgt eine Fülle von Gegensätzen: Temperaturunterschiede von 20 Grad, erlebt in nicht einmal einer Stunde. Palmen in den sonnenreichen nach Italien reichenden Tälern bis zu knorrigen, hochalpinen Krüppelkiefern

Klassiker: die Südrampe des St. Gotthardpasses ist wieder offen

GRAUBÜNDEN / OSTSCHWEIZ

Dort, wo bereits im Mittelalter der Nordzugang nach Graubünden abgesichert wurde, dringen wir in den Schweizer Kanton ein. Am Luzisteig, wo kurz vor der Scheitelhöhe eine mächtige Festung das ganze Tälchen abriegelt. Heute übt hier die Schweizer Armee mit großem Eifer.

Lieblich sieht die Landschaft aus. So weit das Auge reicht, erstrecken sich Weinberge. Schon vor 2000 Jahren soll der köstliche Tropfen in das Gebiet des heutigen Graubündens gelangt sein, als die Rätier von den Kelten aus Italien gejagt worden sind. Beim Rotwein ist vor allem der Blauburgunder berühmt, beim Weißen Riesling und Silvaner. Der Veltliner gilt noch immer als typischer Bündner Wein, obwohl Graubünden das Veltlin 1815 an Italien verloren hat.

Doch wir wollen uns noch nicht den Gaumengenüssen hingeben, wir suchen kleine Straßen mit vielen Kurven. Über Maienfeld und Landquart erreichen wir Chur, das wir schnell auf der Umgehungsstraße wieder verlassen. Auf der »13« gelangen wir über Domat/Ems nach Bonaduz. Hier zweigt ein Supersträßchen nach Westen ab. Erst neben, dann hoch über dem

Lohnenswerte Stichstraße: das wenig befahrene Valser Tal

Türkis: der Zervreila-Stausee im Valser Tal

noch jungen Rhein. Auf dem engen Weg durch Felsengalerien treffen wir eine Gruppe Schweizer Oldtimer-Freunde, deren historische Fahrzeuge hervorragend mit der altertümlichen Strecke harmonieren.

In Carrera sehen wir keinen Porsche, dafür aber ein kleines Restaurant, das uns geeignet erscheint, das permanente Knurren im Magenbereich einzudämmen. Unsere erste Bündner Spezialität: die Gerstensuppe. Zur Vorspeise gedacht, überzeugt die dickflüssige Köstlichkeit als vollwertiges Hauptgericht.

VALSER TAL

In der Generalkarte »Schweiz« mit der Nummer »3« stoßen wir auf das erste, bereits zu Hause mit gelbem Leuchtstift gekennzeichnete Seitental. Die Sonne kann sich nicht so recht entscheiden, ob sie nun durch die dichte Wolkendecke stechen soll oder nicht. Ein diffuses, gefiltertes Licht erleuchtet das Valser Tal, als wir über die gleichnamige Hochtalstraße nach Süden brettern. Anfangs gut ausge-

HERRLICH TÜRKISFARBEN PRÄSENTIERT SICH DER ZERVREILASTAUSEE IM VALSERTAL

ZERVREIA-
STAUSEE
(1868 METER)
LUKMANIER-
PASS
(1916 METER)

GRAUBÜNDEN BIETET NEBEN LANDSCHAFTLICHEN REIZEN AUCH VIELE KULINARISCHE HÖHEPUNKTE

Abkürzung: Straße über den Lukmanier-Paß

baut, verengt sich die Straße hinter dem Hauptort Vals auf wohnwagenunfreundliche Breiten. Sehr schön. Ein langer Tunnel mit Ampelregelung und sehr rutschigem Untergrund trennt uns noch von der Auffahrt zum herrlich türkisfarbenen Zervreila-Stausee in 1868 Meter Höhe. An einem großen Parkplatz endet der Fahr- und beginnen etliche Wanderwege. Zeit der grobsohligen Stiefel.

Wie bei allen Seitentälern zeigt sich auf der Rückfahrt einmal wieder das gleiche Phänomen: Es ist eben nicht langweilig den Weg zurückzufahren, es ist zwar die gleiche Straße, aber durch die umgekehrte Fahrtrichtung erschließen sich völlig neue Ansichten.

In Disentis wird es Zeit sich nach einem Übernachtungsplatz umzuschauen. Der Campingplatz, sehr idyllisch an der Straße zum Lukmanier-Paß gelegen, empfiehlt sich als günstigere Alternative zu den Hotels. Wer sich für Bündner Spezialitäten in garantiert authentischer Umgebung interessiert, ist in Disentis genau richtig. In der Ortsmitte erwartet die Veglia Stiva Grischuna, die Alte Bündnerstube, anspruchsvolle, hungrige Mägen und trockene Kehlen. Wer Bier bevorzugt, sollte sich sofort mit einer sprachlichen Besonderheit

Kritisch: Kuh-Käufer in Airolo

der Schweiz vertraut machen. Es gibt keine kleinen und großen Biere, sondern nur Stangen und Kübel. Ein Kübelwagen müßte somit ein Schweizer Biertransporter sein. Interessant. Doch zurück zur Gastrologie. Die Holzbaukonstruktion der Alten Bündnerstube stammt aus dem 16. Jahrhundert. Der Specksteinofen und die niedrige, geschnitzte Holzdecke schaffen Gemütlichkeit beim Probieren der Bündner Küche. Die gehaltvolle Gerstensuppe kennen wir bereits. Sehr empfehlenswert sind Monster-Spätzle, hier Pizokel genannt, oder das luftgetrocknete Bündnerfleisch. Nicht von schlechten Metzgern ist folgende, harte Extrawurst: Salsiz, aus Rind- und Schweinefleisch, Speck und Gewürzen.

Eng-Paß: Die Kehren des Splügen folgen dicht aufeinander

Selbstverständlich gibt es auch Süßes zum Nachspeisen: Engadiner Nußtorte und Früchtebrot. Wem noch immer nicht das Wasser im Mund zusammengelaufen ist, kann hier auch nur einen Kaffee trinken, die Stube ist schon ab neun Uhr geöffnet.

Solchermaßen gestärkt, können wir es uns leisten den Kanton Graubünden eine Weile zu verlassen, um uns einen absoluten Klassiker der Schweizer Alpenpässe einzuverleiben: den Gotthard-Paß. Nach ein paar Aufwärm-Kehren am Oberalp-Paß und der Ortsdurchfahrt von Andermatt suchen wir nach der alten Strecke über den Berg. Die neue Paßstraße ist viel zu gut ausgebaut, Südrampe ganz und Nordrampe fast völlig entschärft, dazu der längste Tunnel der Welt, die über 16 Kilometer lange Gotthard-Röhre.

Zum Glück ist die alte, kopfsteingepflasterte Strecke mit ihren 24 Kehren, die einige Jahre geschlossen war, wieder befahrbar. Val Tremola, Tal des Zitterns heißt die historische Südrampe des Gotthardpasses. Von der Paßhöhe aus ist die alte Straße nicht ausgeschildert. Wer sich hinter dem Hospiz links hält, kann den fahrerischen Lekkerbissen jedoch gar nicht verfehlen. Hoffentlich bleibt dieser Ausflug in die Geschichte noch lange möglich.

Am Ende der Zitterpartie liegt Airolo. Während wir auf der Paßhöhe noch gebibbert haben vor Kälte, scheint hier die Sonne. Aber auch sonst ist hier italienisches Lebensgefühl angesagt. Um wieder zurück nach Graubünden zu kommen, durchqueren wir das Tessin auf der »2«. Kurz hinter Bellinzona passieren wir die Kantonsgrenze. Viva la Grischa, es lebe Graubünden, hat ein stolzer Einheimischer auf eine Felswand gesprüht. Das Sprachengewirr in Graubünden ist babylonisch. Neben dem Walserdialekt spricht man Deutsch, Italienisch, Sursilvan, Sutsilvan, Surmiran, Puter, Vallader und dann noch die romanische Schriftsprache, das Rumantsch Grischun. Allein in den Grundsprachen gibt es drei verschiedene Bezeichnungen für Motorrad: Auf Schweizerdeutsch heißt es »Töff«, auf Italienisch »Motocicletta« und auf Rumantsch Grischun »Moto«.

Dank des den Berg durchdringenden San-Bernardino-Straßentunnels bleibt der gleichnamige Paß von zu viel Verkehr verschont. Schon die Römer benutzten diesen Übergang. Durch den Rheinwald erreichen wir Splügen, wo wir zur Abwechslung einmal in historisch bedeutsamen Wänden übernachten wollen. Das Posthotel Bodenhaus Splügen wurde 1722 erbaut und hundert Jahre später zu ei-

GOTTHARD-PASS (2108 METER) OBERALP-PASS (2044 METER) VAL TREMOLA

VAL TREMOLA, TAL DES ZITTERNS, HEISST DIE HISTORISCHE SÜDRAMPE DES GOTTHARD-PASSES

Hölzern: die Fassaden der Bündner Bauernhäuser

Geschottert: die Anfahrt zur Hinteren Bergalga-Alpe

ner Paßdorf-Herberge umgebaut. Vor uns nächtigten Napoleon III, Kaiserin Victoria und Albert Einstein in diesem Hotel, erfahren wir an der Rezeption. Das alte Gästebuch, normalerweise im Hotel-Safe verwahrt, können wir leider nicht anschauen, da es restauriert wird.

Splügen bietet sich als Ausgangspunkt für einige Abstecher an. Direkt parallel zur Autobahn passieren wir den Sufner See und rollen dann in die Roffla-Schlucht, wo rechts der Weg in das Val Ferrera führt. Wieder eines dieser abgelegenen Täler, bei dessen Durchquerung man sich vorstellen kann wie es früher in den Alpen ausgesehen hat. Am einsamen Talende liegt Juf, die höchste ständig bewohnte Siedlung der Alpen. Etwa drei Kilometer vor Juf zweigt rechts eine Straße ab, die gleich danach in Schotter übergeht, zur Hinteren Bergalga, eine Almhütte, wo es frische Milch direkt von der Kuh gibt. Ein gelbes Schild weist zur Milchfarm. Die letzte Kehre vor der Hütte ist eher was für leichtere Motorräder.

Vorsicht Murmeltiere: Wergenstein-Straße

Zwei weitere Schotterwege erwarten uns zurück auf der Hauptstraße. Nördlich von Andeer folgen wir der Wegweisung nach Clugin und Wergenstein. Immer steiler schlängelt sich die Piste nach oben. Murmeltiere pfeifen und rennen über den Weg, haben dabei eine verblüffende Ähnlichkeit mit ferngesteuerten Fußabstreifern. Noch weiter nördlich liegt eine Hauptsehenswürdigkeit der Gegend, die vielbeschriebene Via Mala, die schlechte Straße, Schauplatz von John Knittels berühmten Romans. Ein nicht befahrbarer Treppenweg führt hinunter in die Klamm.

In Thusis folgt dann der Höhepunkt des Tages: die Bilderbuchstraße über Tschappina zum Glaspaß. Im Berggasthaus »Beverin« treffen wir Willi. Er ist begeisterter Motorradfahrer und bewirtschaftet eine Hütte in Tschappina. Jedes dritte Wochenende im Juni veranstaltet er in dieser traumhaften Berg-Gegend ein Motorradtreffen. Übernachtung mit Frühstück und Abendessen ist für Schweizer

ROFFLA-SCHLUCHT
VAL FERRERA
BERGALGA-ALM
WERGENSTEIN-STRASSE

DAS SPRACHEN-GEWIRR IM KANTON GRAUBÜNDEN IST WAHRHAFT BABYLONISCH

Abseits der Hauptstraße: Bergstrecke nach Wergenstein

SPLÜGEN-PASS (2113 METER) MALOJA-PASS (1815 METER) JULIER-PASS (2284 METER) ALBULA-PASS (2312 METER)

DIE RENNENDEN MURMELTIERE HABEN EINE VERBLÜFFENDE ÄHNLICHKEIT MIT FERNGESTEUERTEN FUSSABSTREIFERN

Verhältnisse recht günstig. Wer sich selbst versorgen möchte, für den steht ein Raum mit Kochplatte und ein Kühlschrank zur Verfügung.

Zurück in Splügen wartet einer der wildesten Päße auf unsere Reifen, der gleichnamige Splügen-Paß. Bereits im Mittelalter blühte hier ein reger Handel. Die Straße folgt heute größtenteils der Trasse von 1823 und ist mit engen Galerien und steilen Kehrentunnels gespickt. Auf der Paßhöhe ist die Grenze. Wir fahren in die Lombardei. Das Valle San Giacomo scheint sich ewig hinzuziehen. Auch hier gewaltige Temperaturunterschiede zur Paßhöhe. Wir schwitzen in unseren Anzügen. In Chiavenna fahren wir ins Val Bregaglia, zurück nach Graubünden. Im Biergarten des Hotels Bregaglia, in Promontogno gibt es im Sommer Grillspezialitäten. Obwohl das schloßähnliche Haus sehr teuer aussieht, sind die Zimmerpreise erschwinglich – und Motorradfahrer sind willkommen.

Und täglich grüßt das Murmeltier: hier, am Gotthardpaß

Einsam: das nach Juf führende Val Ferrera

Dann folgen zwei gut ausgebaute Schweizer Bekannte: der Maloja-Paß und weiter auf der »3«, der Julier. Erst östlich von Tiefencastel wird es wieder enger, Richtung Bergün, über den Albula-Paß und die gleichnamige Straße. Immer wieder kreuzen wir die Albula-Bahn und sehen die roten Züge der Rhätischen Eisenbahn, die 1989 hundert Jahre alt geworden ist.

In La Punt stoßen wir wieder auf die Engadiner Straße und

Hochalpin: Piste neben der Paßhöhe des Bernina

Noch warm: Milch auf der Hinteren Bergalga-Alm

fahren zurück nach Pontresina. Wir wollen heute noch einen Gletscher aus der Nähe sehen, übernachten deshalb im Morteratsch-Haus, von wo ein Wanderweg bis zum Gletscher gleichen Namens führt. Schilder weisen darauf hin wie stark der Eisriese in den letzten Jahren abgeschmolzen ist.

Am nächsten Morgen nehmen wir uns den autobahnähnlich ausgebauten Bernina-Paß vor. Besondere Vorsicht ist dort bei der Abfahrt Richtung Pontresina geboten. Ein tückischer Bahnübergang, kurz vor Morteratsch, hat dort schon einige Motorradfahrer ausgehebelt.

Kurz hinter der Paßhöhe gibt es zwei Möglichkeiten der Weiterfahrt: geradeaus, durch das Poschiavo-Tal in die Lombardei oder durch die zollfreie Zone von Livigno, nach links. Die Strecke nach Livigno, glücklicherweise für Wohnanhänger verboten, ist wieder eng und vor Erreichen der Stadt landschaftlich schön, vor allem im Morgengrauen, wenn der Nebel langsam aus dem Tal kriecht.

Um zurück nach Graubünden zu gelangen, fahren wir über den

BERNINA-PASS
(2328 METER)
FORCOLA DI
LIVIGNO
(2315 METER)
UMBRAILPASS
(2501 METER)
OFENPASS
(2149 METER)

DER NATIONAL-PARK AM OFEN-PASS ERINNERT AN DIE AMERIKANISCHEN ROCKY MOUNTAINS

Steil-Wand: Canyon-Feeling am Albula-Paß

Passo di Foscagno und Bormio, Richtung Stilfser Joch. Noch vor Erreichen der Paßhöhe weht zur Linken die Fahne der Schweiz. Der Grenzübergang fällt mit der Paßhöhe des Umbrail zusammen, der noch immer nicht vollständig durchgeteert ist. In einer der Kehren lockt ein Restaurant mit Gartenbewirtung und toller Aussicht ins Tal.

In Sta. Maria treffen wir auf die Ofenpaßstraße, die nach links zur Paßhöhe und größtenteils durch einen Nationalpark

Beeindruckend: Blick ins nebelverhüllte Tal von Livigno

führt. Die aus diesem Grund geringe Bebauung gibt einem das Gefühl in den kanadischen Rocky Mountains unterwegs zu sein, vor allem, wenn die Felsen vom warmen Licht der spätnachmittäglichen Sonne beschienen werden.

Nach Zernez und Susch nehmen wir den letzten Paß unserer Graubünden-Tour unter die Reifen: den Flüela. Wir verlassen den Kanton genau da, wo wir eingefahren sind, am Luzisteig, wo die Schweizer Armee noch immer am Üben ist.

INFO GRAUBÜNDEN/OSTSCHWEIZ

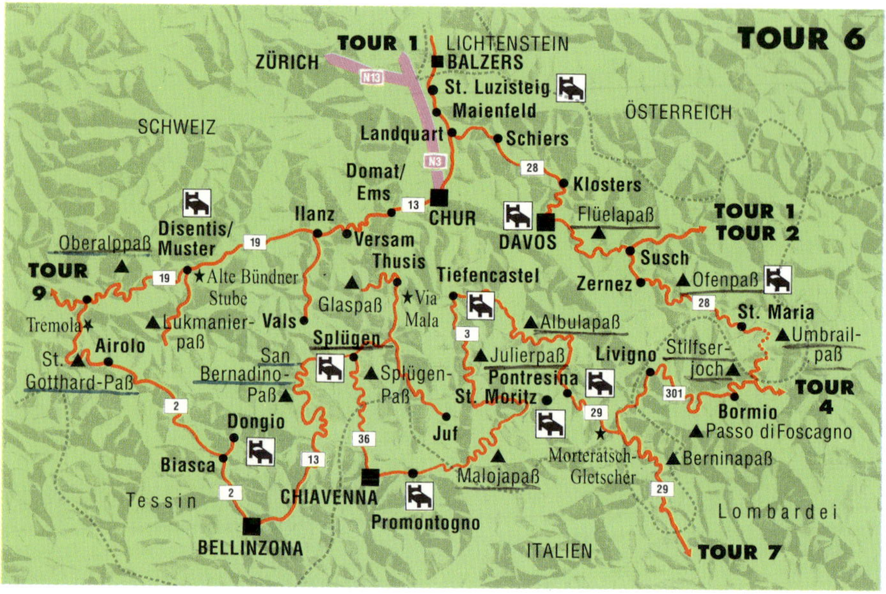

Gefahrene Strecke (einschließlich Abstecher): etwa 500 Kilometer.

Karte:

Die Generalkarte, 1:200 000, Blatt 3, Schweiz, Mairs Geografischer Verlag, 8,80 Mark.

Route:

Luzisteig – Maienfeld – Chur – Domat/Ems – Reichenau – Bonaduz – Versam – Ilanz – *Valsertal – Vals – Zervreilsee (1868 Meter)* – Ilanz – Disentis/Muster – *Lukmanierpaß (1916 Meter)* – Disentis – *Oberalppaß (2 044 Meter)* – Andermatt – *Gotthardpaß (2 108 Meter)* – *Tremolastraße* – Airolo – Biasca – Bellinzona – San Bernardino – *Passo del San Bernardino (2 065 Meter)* – Splügen – Andeer – Wergenstein – Zillis – Thusis – *Glaspaß (1846 Meter)* – Splügen – *Splügenpaß (2 113 Meter)* – Chiavenna – Castasegna – *Passo di Maloja (1815 Meter)* – Silvaplana –

Julierpaß (2 284 Meter) – Tiefencastel – *Albulapaß (2 312 Meter)* – Samedan – Pontresina – Morteratsch – Bernina-Paß (2 328 Meter) – Forcola di Livigno (2 315 Meter) – Umbrailpaß (2 501 Meter) – Ofenpaß (2 149 Meter) – Zernez – Susch – *Flüelapaß (2 383 Meter)* – Dorf – Klosters – Landquart – Maienfeld – Luzisteig.

Übernachten:

● Berggasthof Beverin, Glaspaß,
CH – 7428 Glas/ Tschappina,
Telefon: 0041/81/81 13 23.
Sehr ruhige und idyllische Lage, gutes Essen, im Sommer vom Grill. Raum mit Kochplatte und Kühlschrank, also auch für Selbstversorger interessant.

●● Hotel Herrmann,
Dorfstraße 23,
CH – 7260 Davos-Dorf,
Telefon: 0041/81/46 17 37;
Fax: 0041/81/4 16 35 73.
Am Fuße des Flüela-Paß gelegen. Geöffnet vom 29. Juni bis 21. September.
Bei Vorlage des Buches 10 Prozent Ermäßigung, Garage gratis.

Schöner essen: in der alten Bündner Stube

●● Hotel Pratigiana,
Georg Trapp,
CH – 7435 Splügen,
Telefon: 0041/81/62 11 10.
Die günstigere Alternative zum Posthotel in Splügen. 40 Betten. Garage kostenlos. Wirt fährt selbst Motorrad.

●● Hotel Morteratsch,
CH – 7504 Pontresina,
Telefon: 0041/82/6 63 13
oder 6 64 98,
Fax: 0041/82/6 72 58.
Halbpension ist im Preis inbegriffen. Touristenlager möglich. 50 Betten in Schlafräumen, von vier bis acht Personen. Die Anfahrt zum Hotel liegt zwischen Pontresina und Berninapaß, vor der ersten Kreuzung mit der Rhätischen Bahn.

●● Hotel Bregaglia,
CH – 7649 Promontogno/Bergell,
Telefon: 0041/82/4 17 77.
Gutes Essen, im Sommer Spezialitäten vom Grill, herrliche Sonnenterrasse. Schönes, altes Schloßhotel mit großen Zimmern und Betten.

●● Ristorante Rodesino,
Via Lucomagno,
CH – 6715 Dongio,
Telefon: 0041/92/78 11 82.
Auf der Straße zum Lukmanierpaß. 12 Betten.

●●● Hotel Piz Mitgel
CH – 7460 Savognin,
Telefon: 0041/81/6 84 11 61;
Fax:0041/81/6 84 32 78.
Sehr schön restauriertes Haus an der Hauptstraße. Garage für Motorräder kostenlos. Beeindruckender Speisesaal. gute Küche.

●●● Gasthaus und Steakhaus Rätia,
CH – 7450 Tiefencastel,
Telefon: 0041/81/71 13 44,
Fax: 0041/81/71 23 92.
An der Julierstraße, Richtung Savognin und St. Moritz. Garage kostenlos. Chef und Chefin fahren Kawasaki VN 1500. 24 Betten, alle Zimmer mit Dusche, WC, TV, Radio und Minibar. Motorradtreffpunkt im Kanton Graubünden. Bikermenus mit aus den USA importierten Beef. Gruppenreduktionen. Ab drei Nächte Ermäßigungen und kostenloses T-Shirt.

●●● Landgasthof St. Luzisteig,
CH – 7304 Maienfeld,
Telefon: 0041/85/9 14 73.
Bei Vorlage dieses Alpenbuches gibt es eine Ermäßigung.

●●● Hotel Alpsu,
CH – 7180 Disentis,
Telefon: 0041/86/7 51 17.
Wer echte Graubündner Spezialitäten genießen will, sollte zum Abendessen in die alte Bündner Stube gehen. Tischreservierung: 0 86/7 52 36. Das Gasthaus stammt aus dem 16. Jh.

Essen mit Aussicht: Bündnerfleisch am Umbrail-Paß

●●● Hotel Il Fuorn
Parc Naziunal,
CH – 7530 Il Fuorn,
Telefon: 0041/82/8 12 26.
Das Hotel liegt sehr ruhig, mitten im Schweizer Nationalpark, am Ofenpaß in 1800 Meter Höhe. Idealer Ausgangspunkt für einsame Wanderungen. Die ausgeschilderten Wege, mit Gemsengarantie, beginnen direkt hinter der Herberge.

●●●● Posthotel Bodenhaus,
CH – 7435 Splügen,
Telefon: 0041/81/62 11 21,
Fax: 0041/81/62 18 80.
Historisches, 1722 erbautes Haus, das viele berühmte Gäste beherbergt hat: Napoleon III, Kaiserin Victoria und Albert Einstein.
Das historische Gästebuch kann im Hotel besichtigt werden. Hallenbad, Sauna, Zimmer mit Bad/Dusche/WC, Telefon und Radio.

Adressen:

Schweizer Verkehrsbüro,
Kaiserstraße 23,
60311 Frankfurt/M.,
Telefon: 0 69/25 60 01 35 und 34;
Fax: 0 69/25 60 01 38.
Verkehrsverein Graubünden,
Alexanderstraße 24,
CH – 7001 Chur,
Telefon: 0041/81/22 13 60;
Fax: 0041/81/22 72 73.
Verkehrsverband Ostschweiz,
Verkehrsbüro St. Gallen,
Bahnhofplatz 1a,
CH – 9001 St. Gallen,
Telefon: 0041/71/22 62 62;
Fax: 0041/71/23 43 04.

MOUNTAINBIKER

Die italienischen Provinzen Trentino und Lombardei sind besonders für stollenbereifte Tourenfahrer interessant.
Trotz zahlreicher Streckensperrungen locken immer noch viele Militärstraßen aus dem Ersten Weltkrieg jedes Jahr zahlreiche, abenteuerlustige Zweiradfahrer an

Hoch über Bormio: unbeleuchtete Tunnelstrecke am Torre di Fraele

Bormio ist idealer Einstieg in die Italientour. Sie beginnt gleich mit einem geschotterten Abstecher, der allerdings auch mit Straßenmaschinen zu meistern ist. Im Westen von Bormio, zwischen Premadio und Torripiano, zweigt die Straße zu den beiden Stauseen Lago di Cancano und Lago di San Giacomo ab.

Das ungeteerte Werksträßchen wurde für schwere Laster gebaut, die den Zement für die

Mittlerweile abgetragen: Das Haus auf der Südseite des Stilfser Joch

Gemütlich: Espresso in Bormio

Staudämme ins Hochgebirge schaffen mußten. Durch den Scheiteltunnel am Torre di Fraele gelangen wir direkt ins Valle di Fraele. Sowohl nördlich, als auch südlich der beiden Seen verlaufen geschotterte Uferstraßen, die nördliche ist jedoch gesperrt. Am Lago di San Giacomo weist ein Schild zum Passo Alpisella. Leider besteht für diese Strecke mittlerweile ein Fahrverbot. Vor ein paar Jahren bin ich noch die superengen Kehren hochgefahren. Doch die in der Generalkarte verzeichnete Westverbindung nach Livigno existierte schon damals nicht mehr. Ein abgestürzter Geländewagen wies eindrucksvoll darauf hin.

Vor lauter tollen Paßstraßen sollte man den typisch italienischen Ortskern von Bormio nicht auslassen. Ein gemütlich eingenommener Espresso auf der Piazza muß auf alle Fälle drin sein.

TORRE DI FRAELE (1941 METER) GAVIA-PASS (2618 METER)

Der auf der südöstlich von Bormio verlaufenden »300« zu erreichende Gavia-Paß mußte sich mit den Jahren immer mehr zivilisieren lassen, nur noch fünf Kilometer des einst abenteuerlich geschotterten Übergangs sind eng und ungeteert.

EINEN ESPRESSO IM HISTORISCHEN ORTSKERN VON BORMIO SOLLTE NIEMAND AUSLASSEN

Geschottert: Weg zum Stausee Lago di San Giacomo

Trotzdem lohnt sich die Überfahrt. Das gefährlichste Stück, ein stark ausgesetzter Abschnitt auf der Südrampe, wurde als erstes durch einen Tunnel entschärft. Neben der neuen Trasse ist oft noch der alte Pistenverlauf zu sehen. Die Paßhöhe hat aufgrund der sicherheitsbildenden Maßnahmen mittlerweile ihre Eigenschaft als beliebter Motorradfahrer-Treffpunkt eingebüßt. Auch das einst berühmte Gavia-Motorradtreffen ist mit dem Schotter gestorben.

PASSO DEL TONALE (1883 METER)
VALLE RENDENA
GARDASEE

Und wieder einmal regnet es in Strömen. Über den Passo del Tonale flüchten wir nach Dimaro, wo wir, diesmal zu zweit auf einer BMW K 100 RS unterwegs, nach rechts abbiegen. Als wir den Ausgang des Valle Rendena erreicht, die mächtige Brenta-Gruppe links liegen gelassen haben, gelingt es der Sonne schon fast, durch die immer noch geschlossene Wolkendecke zu stoßen.

DER EINST ABENTEUERLICHE GAVIA-PASS IST MITTLERWEILE FAST VÖLLIG ZIVILISERT

In Tione biegen wir nach links auf die »237« ab, folgen ihr bis Ponte Arche, wo wir auf der »421« nach Süden, Richtung Gardasee, fahren. Die Gegend um den Touristen-See verkam in den letzten Jahren immer mehr zum Enduro-Übungsgelände. Rallye-Einlagen mit schalldämpferlosen Enduros ärgerten Anwohner und zerstörten die al-

AUCH DAS EINST BERÜHMTE GAVIA-MOTORRADTREFFEN STARB MIT DEM SCHOTTER

TREMALZO-PASS (1665 METER) IDRO-SEE

pine Landschaft. Kürzlich wurde die Gegend offiziell zum Nationalpark erklärt. Illegale Enduroausflüge werden seither streng geahndet.

Die Gegend ist viel zu schön zum Durchheizen. Glücklicherweise ist ein Traum-Schotterpaß der Region von Fahrverboten bisher verschont geblieben: der Tremalzo.

ILLEGALE ENDUROAUSFLÜGE WERDEN RUND UM DEN TREMALZO STRENG GEAHNDET

In der Hochsaison donnern Hunderte von Motorrädern zur Scheitelhöhe. Wer den Paß ohne viel Verkehr genießen möchte, muß früh im Jahr kommen. Dann, wenn gerade der letzte Schnee abschmilzt. Einmal gelang mir Ende April mit ein paar Freunden eine »Erstbefahrung«. Stundenlang schoben wir die Enduros durch Schneeverwehungen, frästen Spuren mit den Stollenreifen, für die nachfolgenden Maschinen.

Von Storo aus ist es nicht mehr weit bis zum Idro-See. Das schlechte Wetter ist fast

Anstrengend: Erstbefahrung des Tremalzo im Frühjahr

Wegweisend: Schild im Wald

überstanden. Kurz bevor der Tag zu Ende geht, reißt es endgültig auf.

Vorsichtig lugen wir am nächsten Morgen aus dem Fenster der kleinen Albergo. Blauer Himmel, Sonne, als hätte es nie schlechtes Wetter gegeben. Jetzt fehlt uns nur noch ein kleines Sträßchen. Von einer früheren Enduro-Tour her weiß ich auch genau, wo wir hin müssen. Am nördlichen Ende des Idrosees zweigt ein Asphaltbändchen nach Bagolino ab und mäandert dann bergauf bis zum 1892 Meter hohen Passo Croce Domini.

Doch kurz vor dem Kreuz des Herrn wollen wir uns noch einen Cappuccino gönnen. Wir rollen vor einer kleinen Bar aus. Ein winziges Tischchen steht in der Sonne, davor zwei Stühle.

Die Tür der Bar knarzt beim Öffnen, drinnen riecht es nach abgestandenem Rotwein und kaltem Rauch. Ein Sonnenstrahl bricht sich im Edelstahl der Espresso-Maschine. Der Padrone hinter der Theke komplettiert

PASSO CROCE DOMINI (1892 METER)

DAS ASPHALTBÄNDCHEN SCHLÄNGELT SICH BERGAUF BIS ZUM PASSO DI CROCE DOMINI

Schmal: Passo di Croce Domini, bei Bagolino

unser Cappuccino-Arrangement aufs Trefflichste: ein mächtiger, leicht angegrauter Schnauzer im braungebrannten, zerfurchten Bergbauerngesicht und eine tiefe Grappa-Stimme, die uns ein gequetschtes »Bon Giorno« entgegenbrummt. »Due cappuccine, prego«. Chchchchrrrrr..., macht die Edelstahl-Dampfmaschine. Wir nehmen die Tassen, legen die Lire-Tausender auf die Holztheke und setzen uns in die Sonne.

Bis zur Paßhöhe des Croce Domini liegt nur vereinzelt Rollsplitt auf der engen Straße. Richtung Maniva-Paß herrscht dann wieder loser Untergrund vor. Mehrere kleine Päße gilt es auf der ehemaligen Militärstraße zu überwinden. Der wohl spektakulärste Abschnitt liegt zwischen Spina- und Bergapaß. Drei Tunnels sind hier in den Fels gesprengt.

MANIVA-PASS (1644 METER) PIAN DELL FUGAZZE (1162 METER)

Am Idrosee geht es dann zivilisiert weiter, über Capovalle nach Gargnano am Gardasee. Je nach Reisezeit quälen wir uns zwischen Pulks von Reisenden nach Norden: Limone – Riva – Arco. Zwischen Arco und Rovereto ist weniger los und über den Pian dell Fugazze erreichen wir einen weiteren Militärstra-

RICHTUNG MANIVA-PASS HERRSCHT DANN WIEDER LOSER UNTERGRUND VOR

Freundlich: italienische Cowboys

Winter ade: Passo di Croce Domini im Juni

PASSO MANGHEN (2047 METER)

ßen-Klassiker, dessen Paßübergang allerdings mittlerweile geschlossen ist.

Nur noch Wanderer sind auf der einst bei Enduristen und Geländewagenfahrern sehr beliebten Piste erlaubt.

SCHNEE- UND STEINRUTSCHE HABEN DIE STRECKE MIT EIN PAAR ZUSÄTZLICHEN SCHIKANEN GARNIERT

Von der Scheitelstrecke des Piano delle Fugazzo dürfen auf der westlichen Pasubiostraße nur noch zehn enge Kehren bezwungen werden, dann verhindert ein behördliches Fahrverbot samt Schranke die Weiterfahrt. Auch die östliche Pasubiostraße ist durch einen Schlagbaum blockiert.

Der Abschluß-Paß dieser Tour ist dann wieder frei befahrbar, allerdings geteert, dafür aber recht eng: Passo Manghen, eine wenig benutzte Nord-Süd-Verbindung.

In der bewirtschafteten Paßhütte genehmigen wir uns noch einen Espresso, bevor wir über das Lavazejoch nach Südtirol einfahren.

An der Schneegrenze: die Fahrt zum Maniva-Paß

Kurven-Spaß: Swing-Trio kurz vor dem Idro-See

INFO TRENTINO/LOMBARDEI

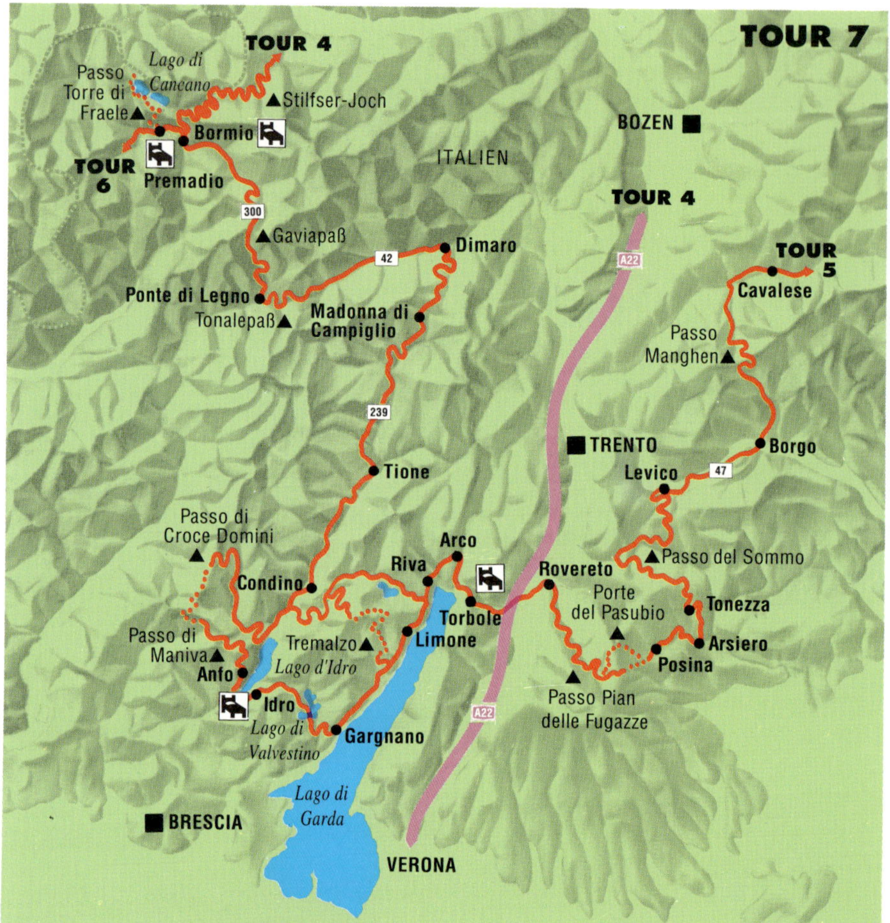

Gefahrene Strecke (einschließlich Abstecher): etwa 650 Kilometer.

INFO TRENTINO/LOMBARDEI

Karten:

Die Generalkarte, 1:200 000, Blatt Gardasee/ Venedig und Blatt 3 Schweiz, Mairs Geografischer Verlag, 8,80 Mark.

Route:

Bormio – *Passo Torre di Fraele (1952 Meter)* – *Lago di Cancano* – *Gaviapaß (2 618 Meter)* – Ponte di Legno – *Tonalepaß (1883 Meter)* – Dimaro – Madonna di Campiglio – Valle di Campiglio – Tione – Condino – Storo – *Lago di Ledro* – Riva – Limone – *Passo di Tremalzo (1665 Meter)* – Storo – Bagolino – *Passo di Croce Domini (1892 Meter)* – *Passo di Maniva (1644 Meter)* – Anfo – Idro – Capovalle – *Lago di Valvestino* – Gargnano – Limone – Riva – Arco – Ronzo – Villa Lagarina – Rovereto – Parrocchia – *Passo Pian delle Fugazze (1162 Meter)* – Posina – Arsiero – Tonezza – *Passo del Sommo (1350 Meter)* – Lavarone – Levico – Telve – *Passo Manghen (2 047 Meter)* – Cavalese.

Übernachten:

●● Albergo Dante,
Via Trieste 2,
I-23032 Bormio,
Telefon: 00 39/3 42/90 13 29.
20 Kilometer vom Stilfser Joch und Gaviapaß entfernt. In der Altstadt gelegen. 35 Betten. Zimmer mit Dusche/ WC. Garage kostenlos. Wirt fährt selbst Motorrad.

●● Albergo Alpina,
Via S. Gallo 1,
I-23038 Premadio,
Telefon: 00 39/3 42/90 12 51.
Ein Kilometer von Bormio, an der Straße nach Livigno. Idealer Ausgangspunkt zum Torre di Fraele. 37 Betten, Zimmer mit Dusche. Garage kostenlos. Wirt fährt selbst Motorrad.

Entschärft: der Gavia-Paß

Gebirgig: rund um den Gardasee

●● Hotel Meandro
I – 25084 Gargnano
Telefon: 0039/365/7 1128;
Fax: 0039/365/7 20 12.
Ruhige Lage mit Blick auf den See, 100 Meter vom Strand, Hallenbad, Zimmer mit Dusche/WC, Fernseher, Telefon. Gutes Restaurant. Spezialtarife ab 16.9. und vor dem 14.7. jeden Jahres.

●● Casa Barca
Strada Panoramica 15
I – 37018 Malcesine (Verona)
Telefon: 0039/45/7 400842
Zimmer zum Teil mit Blick auf den Gardasee, Garage für Motorräder kostenlos.

Adressen:

Italienisches Fremdenverkehrsamt, Adresse, siehe Südtirol.

Extra-Tip:

Wer bei so viel Schotter Angst um seine Kamera hat: Am besten ist das gute Stück im Tankrucksack aufgehoben, möglichst noch in ein Handtuch oder in einen Pulli eingewickelt. Trotzdem kann es passsieren, daß sich durch die feinen Vibrationen, auf die Objektive geschraubte Filter lösen. Deshalb Objektivdeckel vorsichtig abnehmen.

NEU-LAND

Im Oberkrain besitzt Slowenien einen flächenmäßig nicht großen, dafür aber recht spektakulären Anteil an den Alpen. Vor allem Freunde unbefestigter Straßen kommen hier auf ihre Kosten

Mangart-Paß: der höchste, anfahrbare Punkt Sloweniens

Wir mögen kleine Grenzübergänge, deshalb haben wir den Predilpaß als Einstieg in unsere Slowenientour gewählt.

PREDIL-PASS (1156 METER)

Der italienische Zöllner winkt uns gleich durch. Slowenien gehört zu den jüngeren Staaten Europas und wartet darauf, endlich in deren Gemeinschaft aufgenommen zu werden. Wirtschaftlich geht es dem kleinen Land mittlerweile prächtig.

DER ITALIENISCHE ZÖLLNER WINKT UNS GLEICH DURCH

Trotz Euro-Ambitionen müssen wir die Pässe zeigen und auch die grüne Versicherungskarte, die wir natürlich nicht dabei haben. Eine kurzfristige Grenzversicherung für ein paar Mark löst das Problem.

Steil: Auffahrt zum Mangart-Paß

Es ist bereits spät am Nachmittag als wir den Schlagbaum passieren, in Bovec haben wir ein Quartier gebucht, aber wir wollen vorher noch etwas erledigen. Zwei Kilometer von der Grenze entfernt weist ein erstaunlich großes Schild nach links zum Mangart, dem höchsten, anfahrbaren Punkt Sloweniens.

Knapp 12 Kilometer schlängelt sich das teilweise grob geschotterte Sträßchen nach oben, um in 2055 Meter an der Lahnscharte zu enden.

Am Einstieg steht ein altes Verbotsschild, darunter eine Haftungsausschlußerklärung. Erst steigt der Weg sanft an, schlängelt sich durch schattigen Laubwald und als eine Lichtung den Blick auf das gewaltige Bergmassiv freigibt, entdecken wir nur mit zusammengekniffenen Augen die Impression eines Naturpfades, der hoch oben im Fels Richtung Himmel zickzackt. »Da müssen wir rauf?!« Gesagt, getan. Doch weiter oben ist die Piste dann nicht mehr so schmal, wie sie von unten ausgesehen hat. Immer wieder halten wir im losen Schotter an, um nach unten ins Tal zu sehen. Eine wahnsinnige Aussicht.

Jetzt im Juli hat es der Frühling endlich bis oben in die höheren Regionen geschafft. Bunte Blumen blühen in den Almwiesen.

Italienisch angehaucht: das slowenische Städtchen Canal

MANGART-
BERGSTRASSE
LAHNSCHARTE
(2055 METER)

EINE LICHTUNG
GIBT DEN BLICK
AUF DAS
GEWALTIGE
BERGMASSIV
FREI

MANGART-PASS (2055 METER)

JEDES ANFAHREN AM STEILEN HANG VERURSACHT EINE KIESFONTÄNE AM HINTERRAD

Jedes Anfahren am steilen Hang verursacht eine Kiesfontäne am Hinterrad. Eine weitere Abwechslung bieten die selbstverständlich unbeleuchteten Tunnels, mit lehmig-feuchtem Untergrund. Fünf Stück sind es insgesamt. Beim letzten bin ich so froh, fast draußen zu sein, daß ich ordentlich Gas gebe. Ich kann die Maschine gerade noch abfangen und stehe am Röhrenausgang quer. Elke ist nur noch als Pünktchen weiter oben am Berg auszumachen. Die Piste scheint ihr zu gefallen.

Fast ganz oben ist eine große Wendeschleife, wir fahren an einer verlassenen Hütte, die in der Karte als Mangarthaus vermerkt ist, vorbei, nach rechts. Der Blick fällt direkt auf den Mangart, dessen Fuß von einem riesigen Schuttkegel gesäumt wird. Ein Fächer aus Stein. Wo die Wendeschleife wieder bergab führt, geht ein ausgefahrener Pfad hoch bis zum Scheitel. Oben auf der Kante bläst der Wind derart stark, daß wir die Maschinen nur mit Mühe in der Waagrechten halten können. Das Abendlicht der untergehenden Sonne modelliert die Zacken der Felsen gestochen scharf heraus. Sie wirken zum Greifen nahe.

Verwirrend: selbstgeschnitzte Wegweiser

Einen halben Meter weiter geht es ein paar hundert hinab. In weiter Ferne ist sogar der österreichische Großglockner auszumachen.

Es ist spät, aber noch nicht dunkel, als wir wieder die Asphaltstraße erreichen. Noch 20 Kilometer bis Bovec.

Ein Traumsträßchen auf dem uns kein einziges Auto entgegenkommt.

In Strmec sitzen Familien vor ihren Häusern, sie grüßen freundlich, ein paar Kinder spielen »Mensch ärgere dich nicht«.

Die verrosteten Zeiger einer Kirchturmuhr stehen auf halb zwei. Hier ist die Zeit stehengeblieben.

Noch spät abends sitzen wir in einem Biergarten, Mofas knattern die Hauptstraße rauf und runter. Auf der gegenüberliegenden Hauswand flimmert die neueste Errungenschaft, eine ultramoderne, grell leuchtende Laufreklame, die ständig aktuelle Dorfinfos anzeigt. Und die Temperatur: 26 Grad um 22.30 Uhr.

Beim Volltanken am nächsten Morgen erleben wir eine angenehme Überraschung. Der Liter Bleifrei kostet nur halb so viel wie im Nachbarland Italien, was

STRMEC BOVEC

DAS ABENDLICHT MODELLIERT DIE ZACKEN DER FELSEN GESTOCHEN SCHARF HERAUS

Gastfreundlich: Einladung zum Kaffee

Predjama Grad: eine Burg versteckt sich im Fels

Burg Schneeberg: Ihre isolierte Lage hat sie gerettet

in Grenznähe einen wahren Treibstoff-Tourismus zur Folge hat.

Wir folgen der Straße nach Süden, passieren Kobarid und Kanal, um eine der Hauptsehenswürdigkeiten Sloweniens zu besichtigen: Postojnska jama, die zweitgrößte, öffentliche Tropfsteinhöhle der Welt (nach den Carlsbad Caverns in New Mexico, USA), die früher Adelsberger Grotte hieß. In den letzten 170 Jahren haben über 25 Millionen Menschen die Höhle besucht.

Obwohl wir genaugenommen nicht mehr in den Alpen sind, versuchen wir eine möglichst reizvolle Strecke nach Postojna zu finden. Deshalb biegen wir kurz vor Nova Gorica nach Osten ab, in die Berge.

Bereits in Lokve beginnt eines der unzähligen Schottersträßchen des slowenischen Hinterlandes, durch dichten Wald und gänzlich ohne Verkehr. Über Predmeja und Col gelangen wir ins Städtchen Podkraj und nach einigem Suchen finden wir die Abzweigung nach Süden, Richtung Bukovje, wieder so ein staubiges Schotterbändchen. Etwa neun Kilometer von der berühmten Karstgrotte entfernt, wartet ein weiteres Highlight: Predjama Grad. Mitten in einer Felswand klebt, einem Adlerhorst gleich, die Höhlenburg des seligen Ritters Erasmus von Luegg. Dieser ärgerte einmal ein Heer, das die Burg über ein Jahr lang belagerte, indem er frisches Ochsenfleisch und Kirschen über die Mauern warf. Ein Geheimgang, der heute noch existiert, hielt die Versorgung der Burg aufrecht. Aushungern klappte also nicht, erst ein verräterischer Diener wurde Erasmus zum tödlichen Verhängnis.

Postojna Jama: die zweitgrößte Tropfsteinhöhle der Welt

PREDJAMA GRAD

DIE VERROSTETEN ZEIGER EINER KIRCHTURMUHR STEHEN AUF HALB ZWEI

Die schöne Burg wird seit 1990 renoviert, dabei fand sich, so ganz nebenbei, ein nicht unbeträchtlicher Schatz, der im Keller vergraben lag. Ein Glück für Slowenien, daß der wertvolle Fund erst nach der Unabhängigkeit entdeckt wurde, sonst würden die Kunstgegenstände jetzt, wie viele andere auch, bei irgendwelchen Politikern zuhause stehen.

Ein Burgangestellter erzählt uns, daß es für die hohen Tiere normal war sich in historischen Gebäuden mit Möbeln und anderen Einrichtungsgegenständen zu bedienen. Glorreicher Sozialismus. Neben dem Schatz entdeckten Archäologen in der Renaissanceburg aus dem 16. Jahrhundert auch Reste einer Festung aus dem 12. Jahrhundert.

Doch nicht nur für Geschichtswissenschaftler ist Slowenien interessant. Generationen von Geologen forschten sich hier schon durch den Karst. Der kalkige Untergrund ist nicht nur für die berühmten Tropfsteinhöhlen, sondern auch für andere typische Landschaftsformen hier in der Gegend verantwortlich. Dolinen, zum Beispiel. Dellenartige Einbuchtungen, in denen die Bauern oft Felder angelegt haben. Wenn sich der Kalk im Untergrund auflöst entsteht entweder eine Höhle oder, wenn die Decke einbricht, eine Doline. Fruchtbarer Boden wird in diese Vertiefung geschwemmt, eine

Schnell-Trockner: Feuchtes wird in die Sonne gehängt

Idyllisch: Stadtkern von Skofia Loka

ADELSBERGER GROTTE

POSTOJNSKA JAMA IST DIE ZWEITGRÖSSTE TROPFSTEIN-HÖHLE DER WELT

ungewöhnliche landwirtschaftliche Nutzfläche entsteht.

Der Eintrittspreis ist happig, 25 Mark pro Person sind für die Besichtung der Adelsberger Grotte zu löhnen.

Aber es lohnt sich. Mit einem kleinen Zug fahren wir sehr flott in die Höhle ein. Immer wieder ziehen wir die Köpfe ein. Die Tropfsteine sausen erschreckend nah vorbei. Eine deutschsprachige Führerin erklärt die Phänomene ganz genau: Stalagtiten hängen, Stalagmiten stehen und Grottenolme sind blind.

SCHLOSS SCHNEEBERG

EIN GEHEIMGANG HIELT DIE VERSORGUNG DER BURG WÄHREND IHRER BELAGERUNG AUFRECHT

EIN VERRÄTERISCHER DIENER WURDE ERASMUS ZUM TÖDLICHEN VERHÄNGNIS

Nach so viel Wissen sind wir geschafft, wir wollen wieder ein bißchen Motorradfahren.

Der Weg zurück nach Norden führt zwangsläufig über Ljubljana. Um die Hauptstadt nicht auf der Autobahn zu durchqueren, fahren wir auf dieser nur bis Unec.

Über Rakek und Cerknica kommen wir nach Bloska Polica. 18 Kilometer südlich liegt die neue Grenze in den Nachbarstaat Kroatien.

Unsere Neugier ist geweckt. Tatsächlich wurde mitten auf einer Landstraße ein gewaltiges Grenzabfertigungsgebäude erbaut. Die Einreise wäre für uns kein Problem. Nur der Reisepass ist notwendig. Ein Slowene, der die Grenze passieren will, muß seinen gesamten Kofferrauminhalt vor den Zöllnern ausbreiten.

Auf dem Rückweg entdecken wir hinter Iga Vas ein kleines Schild »Grad Sneznik«, das nach links weist. Daß Grad Burg heißt, wissen wir bereits. Sollen wir, oder nicht? Gut, schauen wir uns diese auch noch an.

In keinem Führer und auch auf unserer Karte nicht vermerkt, versteckt sich Schloß Schneeberg mitten in den Innerkrainischen Wäldern, wo selbst heute noch Wölfe zuhause sein sollen.

Das alles erfahren wir auf einer kleinen Informationstafel, die ein des Deutschen nur einigermaßen mächtiger Slowene verfasst haben muß. Aber wir lernen noch mehr: »Erstmals 1337 erwähnt und wenngleich der Besitz abgerückt und in

Staubig: Piste zwischen Bled und Mojstrana

wilden Orten sich befand, lockte er so manchen, zu guter Letzt konnte man auf diesem Wege leicht verdienen, so mit Auspressung der Bauern, wie auch mit periodischen Plünderungen, was die Herren der Burg als Beschützung nannten.«

Das Burgtor ist offen, niemand ist zu sehen. Wir gehen in das Gebäude. Überall stehen und liegen Jagdtrophäen: Geweihe, ein ausgestopfter Bär, ein Wildschwein, Raubvögel. Wir streifen durch die Räume, steigen die knarzenden Holzstufen

BOHINJSKO JEZERO

STALAGTITEN HÄNGEN, STALAGMITEN STEHEN UND GROTTENOLME SIND BLIND

in den ersten Stock hinauf. Wunderschön möblierte Räume, das Schloß scheint gerade erst von seinen letzten Feudalherrschaften, der Familie Schönburg-Waldenburg verlassen worden zu sein.

Im zweiten Stock erschrecken wir die Putzfrau unabsichtilich so sehr, daß sie einen Schrei losläßt, was dazu führt, daß man uns offiziell bemerkt und wir nun eine ordentliche Schloßführung von einem netten, jungen Mädchen auf Englisch erhalten.

Aufgrund seiner Abgelegenheit hat Schloß Schneeberg Krieg und Sozialismus nahezu unbeschadet überstanden. Lediglich ein paar wenige Möbelstük-ke haben Belgrader Politiker mitgehen lassen, der Rest blieb original erhalten.

Sackstraße: Vrata-Tal

Den Bären durchlöcherte seine Durchlaucht Hermann von Schönburg-Waldenburg am 16.4.1893 im Revier Masun, wie ein graviertes Blechschild vermerkt.

Jetzt haben wir aber wirklich genug Kultur genossen, deshalb durchfahren wir Ljubljana so schnell wie möglich. Es ist wieder richtig heiß geworden. In der historischen Altstadt von Skofia Loka lohnt es sich eine kleine Pause einzulegen.

Westlich von Zelezniki wird die Straße dann wieder richtig gut. Wir sind zurück in den Bergen, das Asphaltband verengt sich und fast verpassen wir die winzige Abfahrt nach Zgornja Sorica.

Immer steiler windet sich das Sträßchen nach oben, geht plötzlich in Schotter über. Die Aussicht ist wieder einmal fantastisch, deshalb üben wohl auch die slowenischen Gebirgsjäger hier oben.

Am wunderschönen Gebirgssee Bohinjsko jezero blühte schon zu Zeiten Jugoslawiens der Tourismus, die österreichische Grenze ist hier nur etwa 30 Kilometer Luftlinie entfernt.

Trotzdem macht ein Bad in dem glasklaren See immer noch Spaß, vor allem nach einer staubigen Motorradetappe. Eine

Kuhl-Tour: Auffahrt zum Vršič-Sattel

Sackstraße führt am Südufer des Sees entlang bis zu einem Wanderparkplatz samt Biergarten-Kneipe.

In Ribcev Laz entscheiden wir uns für die Abzweigung nach links und werden nicht enttäuscht. Die Straße ist klein, schlängelt sich durch saubere, aufgeräumte Ortschaften, die schon fast Österreichisch anmuten. Überall fahren die Bauern Heu ein. Pferdefuhrwerke bringen das gemähte Gras zu den typischen, großen Holzgestellen, wo es zu Heu trocknen soll.

Hinter Jereka wird es wieder schottrig. In Mrzli Studenec fahren wir nach links, Richtung Triglav, dem dreigipfligen Höhepunkt des Triglav-Nationalparks. Die Piste wird immer gröber, endet schließlich an einem Parkplatz, wo ein Wanderweg beginnt.

TRIGLAV-NATIONALPARK

Den Bled-See schauen wir uns natürlich auch an. Eine Aushängeschild des ehemaligen Jugoslawiens und eine Perle des aufstrebenden Slowenien-Tourismus. Staatsgäste wurden früher mit Vorliebe hierher gebracht und in der Villa Bled beherbergt und verköstigt.

IN DEN ABGELEGENEN INNERKRAINISCHEN WÄLDERN LEBEN SELBST HEUTE NOCH WÖLFE

Um die nächste schöne Strecke zu finden bedarf es einigen

Wackelig: Hängebrücke über die Soca

VRATA-TAL

DEN BÄREN DURCHLÖCHERTE SEINE DURCHLAUCHT IM JAHRE 1893

Spürsinns. Zunächst geht es von Bled Richtung Spodnje Gorje. In Krnica, exakt fünf Kilometer von Bled entfernt, geht es rechts ab, den Berg hinunter, nach der Holzbrücke links und nach dem letzten Haus beginnt bereits der Triglav-Nationalpark. Es folgt eine nur teilweise geteerte Superstrecke durch Wald und Wiesen. Immer wieder wird der Blick frei auf die gewaltige Bergkulisse. Nur ab und zu begegnen wir Bauern, die ihre abgemähten Wiesen durch die Gegend tuckern.

In Mojstrana führt eine Stichstraße durch das Vrata-Tal direkt ins Herz des Triglav-Parks. Die happigen 25-Prozent-Steigungen sind allerdings durch Asphalteinlagen entschärft worden.

auch dieser Ausflug bietet grandiose Einblicke in die Bergwelt, rund um den Dreigipfligen.

Die schönste Paßstraße Sloweniens haben wir uns bis zum Schluß aufgehoben. Der Vršič-Sattel ist zwar nur 1611 Meter hoch, kann es aber aufgrund seiner wilden Schönheit mit deutlich höheren Berg-Kollegen aufnehmen.

Nur wenige Kilometer vom stark frequentierten österreich-slowenischen Grenzübergang am Wurzenpaß entfernt zweigt in Kranjska Gora die Straße zum Vršič-Sattel ab. Zwölf beeindruckende Kilometer später ist bereits die Paßhöhe erreicht.

VRSIC-SATTEL (1611 METER)

Dazwischen liegen 24 numerierte und gepflasterte Kehren. Kurz nach der achten Kehre liegt links im Wald eine kleine alte russische Kapelle. Handgeschriebene Zettel mit Bitten und Gebeten häufen sich auf dem Altar. An der Wand hängen alte Schwarzweißfotos russischer Soldaten.

DER BLED-SEE WAR DAS AUSHÄNGESCHILD DES EHEMALIGEN JUGOSLAWIENS

Weit fällt der Blick ins bewaldete Trentatal. Zwei Berghütten auf der Paßhöhe bieten primitive Übernachtungsmöglichkeiten an. Die Paßabfahrt ist mittlerweile sehr gut ausgebaut. Der Blick auf das wild ins Tal donnernde, türkisfarbene Wasser der Soca ist dagegen genauso beeindruckend wie früher. Eine wacklige Hängebrücke verleitet zu einem kleinen Enduro-Abenteuer.

DAS TÜRKISFARBENE WASSER DER SOCA DONNERT INS TAL

Kurz vor Bovec schließt sich der Kreis. Wir verlassen Slowenien so, wie wir gekommen sind. Der slowenische Zöllner am Predilpaß ist der gleiche wie bei der Einreise. Er erkennt die beiden Motorradfahrer und winkt uns freundlich durch.

INFO SLOWENIEN

Gefahrene Strecke (einschließlich Abstecher): etwa 580 Kilometer

Karte:

Slowenien-Kroatien,
Strassenkarte 1:500 000,
Kümmerly + Frey, 14,80 Mark.

Route:

Predilpaß (1156 Meter) – zwei Kilometer weiter, nach links – Mangart-Hochplateau (2 055 Meter) – Strmec – Log – Bovec – Zaga – Kobarid – Tolmin – Kanal – Nova Gorica – Sv. Gora – Trnovo – Lokve – Predmeja – Otlica – Col – Podkraj – Bukovje – *Predjama Grad* – Postojna – Unec – Rakek – Cerknica – Bloska Polica – Nova – Podstrmec – Velike Lasce – Turjak – »6« – LJUBLJANA – Medno – Skofia Loka – Crngrob – Zelezniki – Zali log – Zgornija Sorica – Bohinjska Bistrica – *Bohinjsko jezero – Abstecher:* Ukanc – Srednja vas – Mrzli studenec – *Abstecher:* Rudno polje – *Zatrnik – Spodnje Gorje – Abstecher: Bled – Bledsee* – Krnica – Mojstrana – *Abstecher: Vratatal – Triglav* – Mojstrana – Belca – Kranjska Gora – *Vršič-Sattel (1611 Meter)* – Trenta – Soca – Log – Strmec – *Predilpaß (1156 Meter).*

Übernachten:

Viele Slowenen vermieten Privatzimmer. Schilder mit Aufschrift »Sobe« an den Hauswänden deuten darauf hin.
Solche Privatzimmer gibt es bereits für etwa 25 Mark pro Person.
Das Fremdenverkehrsamt von Slowenien versendet auf Anfrage Zimmerlisten und weiteres kostenloses Infomaterial.

●●● Hotel Jama,
Janska Cesta 28,
66230 Postojna,
Telefon: 0038/67/21172.
Das Hotel liegt direkt neben den berühmten Adelsberger Grotten, den zweitgrößten Tropfsteinhöhlen der Welt. Motorräder können im Innenhof geparkt werden.
Sozialistischer Einheits-Look in Zimmern und Hotelhalle.

●●● Hotel Kanin,
Ledina 6,
65230 Bovec,
Telefon: 0038/65/86021.
Einigermaßen ruhig in Bovec gelegenes Sport-Hotel.
Auch hier ist die sozialistische Vergangenheit nicht zu leugnen.

Steil: Vrata-Tal-Straße

●●●● Hotel Vila Bled,
Cesta svobode 26,
64260 Bled,
Telefon: 0038/64/77436;
Fax: 0038/64/77320.
In diesem repräsentativen Hotel, direkt am schönen Bledsee empfing der ehemalige jugoslawische Präsident Tito zahlreiche Staatsmänner aus Ost und West und vor allem aus der Dritten Welt: Dimitrov, Nehru, Nasser, Sukarno, der griechische König Paul, Prinz Sihanuk, Haile Selassie, Chruschtow, Kadar, Brandt, Karamanlis, König Hussein von Jordanien und der japanische Kaiser schmücken die illustre Gästeliste.

Adressen:

Slowenisches
Fremdenverkehrsamt,
Lessingstraße 7–9,
61440 Oberursael,
Telefon: 06171/641660,
Fax: 06171/641029.

Extra-Tip:

Unbedingt die grüne Versicherungskarte mitnehmen. Eine Grenzversicherung, wie in unserem Fall, wird nicht immer ausgestellt.

HOCH-ZEIT

Die höchsten Pässe und die tiefsten Schluchten finden sich auf der westlichsten Route in diesem Buch. Fahren wie Gott in Frankreich: Abwechslungsreicher geht es nicht mehr

Das ist der Gipfel: ganz oben auf der 2860 Meter hohen Cime de la Bonette

FRANZÖSISCHE ALPEN

COL DU GRAND ST. BERNHARD (2469 METER)

Kurz vor dem Großen St. Bernhard-Tunnel können wir uns erstmals von den Schrecken der Anfahrt erholen. Ein Schild weist nach rechts, zum Col du Grand St. Bernard. Seit es den berühmten Tunnel gibt wurde das gleichnamige, kleine Paßsträßchen glücklicherweise von den Straßenbauern links liegen gelassen. Eine hochalpine Landschaft mit gelbgrünen Matten tut sich auf, wir halten an einem klaren Bach an. Etwa 500 stressige Kilometer Anfahrt durch die Schweiz liegen hinter uns: Vorbei am Rhônegletscher durch das vom Verkehrsinfarkt bedrohte Rhônetal. Wieviel hundert Lkw haben wir

WIEVIEL HUNDERT LKW HABEN WIR WOHL SCHON ÜBERHOLT?

Paß statt Tunnel: Auffahrt zum Großen St. Bernhard

wohl überholt? Jedenfalls einen zuviel und den im Überholverbot, was Elke eine sofort zahlbare Strafe in Höhe von 80 Schweizer Franken einbrachte. Alles Lamentieren half nichts, der uniformierte Fahrer der Moto Guzzi California mit dem Polizei-Aufkleber war unerbittlich. Sogar den Zwangsumtausch hat die Schweiz jetzt für sündige Touristen eingeführt. Da es uns an genügend Bargeld mangelte, mußten wir dem helvetischen Bullen bis zur nächsten Bank folgen und dort Geld tauschen.

Die Strecke von Martigny bis hierher war sehr gut, oft zweispurig, ausgebaut. Wir hören das Alpenfahrern vertraute Pfeifen der Murmeltiere. Doch oben am Paß ist die Idylle vorbei. Von der anderen Seite her besteht kein Busfahrverbot. Entsprechend viele Reisegruppen haben sich am Hospiz eingefunden, um die Bernhardiner mit den Fäßchen anzugucken. Hunderte von ihnen sind in Plüschform in allen Größen auf jahrmarktähnlichen Ständen aufgereiht. Als ich das letzte Mal da war, tollten die Bernhardiner-Welpen noch in einer offenen Koppel herum. Jetzt sieht es aus wie in einem dieser schrecklichen Tierheime. Die Hunde starren apathisch aus ihren Metallkäfigen auf die vielen eintrittzahlenden Gaffer. Nichts für uns.

Eiskalt: Iseran-Paßhöhe

COL DU PETIT ST. BERNHARD (2188 METER)

Die Strecke durch das Aostatal ist noch mehr überlastert als die durch das der Rhône. Alle italienischen und französischen Fuhrunternehmer scheinen unterwegs Richtung Mont Blanc-Tunnel zu sein. Tatsächlich, an der Abzweigung in Pre-St. Didier, wo es rechts Richtung Tunnel weitergeht, ist endlich wirklich Ruhe. Die Paßstraße schlängelt sich zum Kleinen St. Bernhard hoch, dahinter liegt Frankreich. Auch an seiner Paßhöhe gibt es ein paar eingekerkerte Alibi-Bernhardiner. Sogar zwei Murmeltiere sind hier eingelocht. Die Abfahrt vom Paß besteht aus einer richtiggehenden Patchwork-Straße. Hundertmal geflickt, immer mit ande-

WIR VERFOLGEN DEN HELVETISCHEN BULLEN BIS ZUR NÄCHSTEN BANK

COL DE L'ISERAN (2770 METER) VAL D'ISERE

DAS PFEIFEN DER MURMELTIERE KLINGT ALPENFAHRERN VERTRAUT IN DEN OHREN

rem Material, läßt sie die Talfahrt zur Rutschpartie werden. Am frühen Abend kommen wir in Bourg-St.Maurice an, wo wir ein Bett für die Nacht finden. Daß Anfang September die Sommersaison schon so ziemlich am Ende ist, erfahren wir bei der Suche nach einem Abendmahl. Nur ein Lokal in der Fußgängerzone mit Schweizer Flagge vor der Tür scheint noch offen zu haben. Statt des erhofften französischen Dreigänge-Menus gibt es ein Tischfondue. Ein wenig stilechter Einstieg ins kulinarische Frankreich.

Dafür könnte der Einstiegspaß in unsere frankoalpine Tour nicht besser sein: Col de l'Iseran, mit 2770 Meter der zweithöchste, im Transitverkehr über

Wichtig: Beaufort-Wendemanöver

die Alpen befahrbare Übergang. Aufgrund der extremen Höhenlage ist er nur drei Monate im Jahr schneefrei, also befahrbar. Durch das Val d'Isère, berühmt für seine Skigebiete, nähern wir uns der Paßhöhe. Das Schild mit dem grünen »Ouvert« hat uns zwar die Offenheit prophezeit,

Reizvolle Alternative: geschotterte Südumfahrung des Lac Cenis

aber es beginnt hier schon leicht zu nieseln, der Gipfel ist unter dichten Wolken versteckt und obwohl wir noch 1000 Höhenmeter vor uns haben, frieren wir bereits fürchterlich. Wir ziehen alles an, was wir haben. Auf der Paßhöhe tobt ein richtiger Schneesturm. Zum Glück bleibt die Straße trocken, der Wind treibt den hartgefrorenen Schnee immer wieder von der Fahrbahn. Von der Südseite kommende und relativ leicht bekleidete Motorradfahrer fragen uns erschrocken und schlotternd, ob es im ganzen Norden so schneit. Als ich die Handschuhe aus-

Wo bin ich?
Am Colle delle Finestre

COL DU MONT CENIS (2083 METER)

ziehe, um das obligatorische Paßfoto zu schießen, spüre ich bereits nach ein paar Minuten meine Finger nicht mehr. Schnell abwärts.

Auf der Südseite blinzelt uns die Sonne immer wieder zu. Hier fehlen die häßlichen Skifahrer-Container der Nordrampe. Ziegen, Schafe und Kühe weiden hier auf den kargen Höhen, produzieren in ihrem Verdauungstrakt die Milch, aus der die berühmten Käse der Region, der Beaufort und der Tome de Savoie, entstehen. Immer wieder sehen wir die alten Steinhäuser der Hirten, die sich harmonisch in die Landschaft einfügen. Genau wie Bonneval, ein kleiner, alter Ort, wo wir eine Käserei besichtigen. Wir sehen die riesigen Beauforts mit ihren 30 bis 40 Kilogramm Gewicht, die alle 14 Tage mit Salzwasser eingerieben und dann gewendet

AUFGRUND DER EXTREMEN HÖHENLAGE IST DER COL DE L'ISERAN NUR DREI MONATE IM JAHR SCHNEEFREI

werden, um Risse zu vermeiden. Noch interessanter sind die kleinen, völlig verschimmelten Tomes, deren flaumige schwarzgraue Pilzkulturen periodisch abgebürstet werden, damit eine feste Kruste entsteht.

Und wieder regnet es. Kurz vor Lanslebourg biegen wir links zum Col du Mont-Cenis ab. Nach dem Paß und vor dem See gibt es zwei Möglichkeiten: weiter auf der gut ausgebauten Straße oder nach rechts über die geschotterte Südvariante. Wir wählen letztere. Der Wind bläst

Fast schon mediterran: Abfahrt nach Fenestrelle

Mondlandschaft: Paßhöhe des Izoard

FORT MALAMOT

DER STARK VERSCHIMMELTE KÄSE WIRD REGELMÄSSIG ABGEBÜRSTET

sehr stark hier oben. Er reißt die Regenwolken auseinander, sie vergießen ihren Inhalt, die Sonne kommt immer häufiger zum Vorschein. Doppelte Regenbögen bilden sich über dem aufgewühlten Wasser des Sees. Immer größer wird der Blauanteil des Himmels. Und als wir nach einer Viertelstunde den halben See umrundet haben, ist er wolkenlos.

Wir fahren am Abzweig der berühmten Schotterpiste zum Malamot-Fort vorbei. Ein Verbotsschild verbietet den motorisierten Aufstieg.

»Nächstes Jahr wollen wir die Piste komplett sperren, mit einer Schranke«, erzählen uns sichtlich verärgerte Einwohner in der Bar-Café-Hütte vor dem Grenzübergang nach Italien. »Manchmal fuhren an einem Tag über hundert Motorräder, aus Deutschland, der Schweiz und aus Holland zum Fort hoch und staubten die Wanderer total ein. Das muß aufhören«.

In der Bar hängen alte Schwarzweißfotos an der Wand. Der Wirt, 1928 geboren, hat sein ganzes Leben hier verbracht. Er erzählt vom Krieg, als die Deutschen kamen, von den Häusern, die jetzt unter dem Stausee begraben liegen, von dem einstmals italienischen Dorf, das gegenüber seiner jetzigen Bar liegt und wo seine Eltern eine Trattoria besaßen. Die Siedlung in der er aufgewachsen ist, verfällt, weil sie die Franzosen 1945 nach der neuen Grenzziehung nicht erhalten wollten. Wir essen zwei riesige Baguettes, fingerdick mit Käse und hausgemachter Pastete belegt.

Unten in Susa herrscht wieder Hochsommer, etwa 30 Grad. Kaum zu glauben, daß uns ein paar Stunden zuvor fast die Finger abgefroren sind.

Um mit unseren beiden Straßenmaschinen wieder ein bißchen Schotter zu schnuppern, biegen wir in Susa rechts zum Colle delle Finestre ab. Dichter Wald säumt die Strecke, die Begrenzungsmauern bröseln vor sich hin, sind teilweise völlig von Gräsern überwuchert. Ein Schild weist darauf hin, daß die Straße nach 17 Kilometern gesperrt sei. Wir halten kurz an. Ein Italiener kommt auf uns zu, fuchtelt mit der Hand Richtung Berg. Also kein Problem. Die ersten Kehren sind geteert, aber nur etwa sechs Kilometer lang, dann beginnt der lose Untergrund. Wer es langsam angehen

COLLE DELLE FINESTRE (2176 METER)

NÄCHSTES JAHR WIRD DIE MALAMOT-MILITÄRPISTE ENDGÜLTIG GESPERRT

Col d'Izoard: griffiger Asphalt, fantastische Szenerie

ASSIETTA-KAMMSTRASSE COL DE MONTGENÈVRE (1850 METER) COL D'IZOARD (2360 METER)

läßt, schafft es bis zur 2176 Meter hoch gelegenen Paßhöhe auch mit einer vollbepackten Straßenmaschine. Mit leichten Enduros ohne Ballast geht es natürlich flotter, was uns einige unbehelmte Italiener vorführen als wir von der Paßhöhe nach unten ins Tal blicken. Wie die Irren driften die Einheimischen nach oben. Keine Wunder es ist Wochenende.

WIR ESSEN BAGUETTES, FINGERDICK MIT KÄSE UND HAUSGEMACHTER PASTETE BELEGT

Zweieinhalb Kilometer nach dem Paß geht rechts die Assietta-Kammstraße weiter, 36 Kilometer Schotter. Wenn wir jetzt Enduros hätten, ja, so nicht, das dauert zu lange. Wir wählen die ebenfalls sehr schöne Abfahrt nach Agnelli. Rotstämmige Pinien säumen die staubige Piste ins Tal.

Über Fenestrelle fahren wir nach Sestrière weiter, dann über den Col de Montgenèvre wieder nach Frankreich.

BEGRENZUNGSMAUERN BRÖSELN STUMM VOR SICH HIN

In Briançon, der mit 1326 Meter höchstgelegenen Stadt Europas, übernachten wir mitten im historischen Kern, der heute noch so aussieht wie im 17. Jahrhundert. Ein unüberschaubares Labyrinth enger und dunkler Gassen, das von der Grande-Rue mit dem Bach Gargouille durchquert wird.

Am nächsten Morgen steht wieder ein echter Paß-Klassiker auf dem Programm: der Col d'Izoard. Das Wetter könnte nicht besser sein. Keine Wolke am Himmel. Wir starten früh. Es ist trotz des Sonnenscheins noch sehr frostig, dafür ist außer uns noch keiner unterwegs. Wir überholen nur ein Pärchen, das sich auf Mountainbikes nach oben quält. Kurz vor der Paßhö-

Aufwärtsdrang: zum Col de la Bonette – karge Mattenlandschaft

he steht das Refuge Napoleon, ein ruhiger und idyllischer Übernachtungsplatz mit sehr netten Wirtsleuten. Hinter der Paßhöhe sieht die Landschaft aus wie im Südwesten der USA. Verwitterte Steinrümpfe, die aus dem Schutt ragen und in der Morgensonne gelblichrot strahlen. Bryce Canyon in Frankreich. Eine fast vegetationslose Mondlandschaft.

Am Fuße des Izoard liegt Château-Queyras, das vom gleichnamigen Fort beherrscht wird. Der Ort ist Ausgangspunkt für zwei Abstecher. Zunächst folgen wir der »D 5« Richtung

Höhepunkt: Cime de la Bonette

COL AGNEL (2744 METER) SOMMET BUCHER (2257 METER)

MIT 1326 METERN IST BRIANÇON DIE HÖCHSTGELEGENE STADT EUROPAS

St. Veran, nehmen dann die Abzweigung zum Col Agnel. Eine frisch geteerte, einfach zu befahrende Strecke zu einem der mit 2744 Metern höchsten Pässe der Alpen. Am Horizont glänzt das Schiefergestein der Berggipfel wie Quecksilber. Direkt auf der Paßhöhe verläuft die Grenze nach Italien. Wir wollen in Frankreich bleiben und kehren nach Château-Queyras zurück, um den zweiten Abstecher unter die Räder zu nehmen. Die Straße zum 2260 Meter hoch gelegenen Sommet Bucher wurde, wie so oft, aus strategischen Gründen angelegt. Unzählige Schlaglöcher zwingen zu einer Slalomauffahrt. Schließlich stehen nur noch vereinzelt Teerfetzen wie Inselberge im Schotter. Irgendwann holt sich die Natur alles zurück. Ganz oben steht nur ein Auto. Und das trotz strahlendem Sonnenschein und Sonntagnachmittag. 200 Meter sind es noch vom Parkplatz bis zu einer Schutzhütte samt Orientierungstafel.

Eine 360 Grad-Rundumsicht entschädigt für den Fußmarsch. Die Sicht ist so gut, daß wir sogar Berggipfel in der Ferne erkennen, die gar nicht mehr auf dem Schaubild eingezeichnet sind.

Doch der Sonntag bringt uns nicht nur Sonne, sondern auch pausenlos Tankstellen, die geschlossen sind und das obwohl unser Reserve-Niveau schon seit längerem unterschritten ist. Im höchsten Gang, unter Vermeidung hoher Drehzahlen, tuckern wir durch Guillestre. Alles dicht. Weiter nach Vars, ein bekannter Skiort, viele Hotels, aber keine Tankstelle die offen hat. »Wir müssen es nur noch bis zur Paßhöhe schaffen, dann können wir auf der anderen Seite hinunterrollen, dort gibt es bestimmt Sprit«. Das kann nicht mehr lange gutgehen unt tut es auch nicht. Die R 100 R von Elke bleibt etwa vier Kilometer vor der Paßhöhe stehen.

Wir warten eine Weile, bis plötzlich eine Gruppe von etwa zwölf BMW-Maschinen angedonnert kommt. Alles Italiener.

Schnell werden zwei Liter Sprit aus einer Paris-Dakar in eine alte Öldose abgelassen. »Halbe-halbe«, sagt Elke und schüttet sich einen Liter in den Tank. Als ich meine erschöpften Vorräte auffüllen möchte, fällt mir der Katalysator ein. Ich rette ihn, denn die Italiener hatten verbleiten Sprit im Tank.

Trotzdem schaffe ich es noch bis nach oben auf den Col de Vars und lasse den Boxer auf der anderen Seite hinunterrollen. Ein komisches Gefühl so ganz ohne Motorbremse. Um Hand- und Fußbremsbeläge nicht übermäßig zu strapazieren überhole ich bergab einige Langsamfahrer. Doch auch in

Voll Schaf: Abfahrt vom Bonette mit Blök-Konzert

COL DE LA BONETTE (2802 METER)

AM HORIZONT GLÄNZT DAS SCHIEFERGESTEIN WIE QUECKSILBER

VEREINZELTE TEERFETZEN STEHEN WIE INSELBERGE IM SCHOTTER

St.Paul gibt es keinen Sprit. Das Gefälle ist mittlerweile so flach, daß ich den Motor wieder anwerfen muß. Im Fünften und mit wenig Gas geht die Suche weiter. 14 Kilometer weiter, in Jausiers, wieder Fehlanzeige. Noch neun Kilometer bis Barcelonnette. Ich schaffe es, ich schaffe es. Das Ortsschild. Die erste Tankstelle. Zu. Die zweite. Schei.... Das Motorrad ruckelt. Vor einem geöffneten Hotel-Restaurant stehen ein paar Zapfsäulen. Der Motor geht endgültig aus. Ich rolle bis vor die Bleifreisäule. Gerettet.

In Barcelonette finden wir ein hübsches Hotel, checken ein. Es ist später Nachmittag, immer noch wolkenloser Himmel, wir sind fertig vom anstrengenden Motorradbergfahren, aber der Bonette-Paß, der höchste der Alpen, ist nur 33 Kilometer weit entfernt. Über neun Monate im Jahr ist er geschlossen. Vielleicht wird das Wetter morgen schon wieder schlechter. Wir beschließen zusammen auf einer Maschine nach oben zu fahren. Die neun Kilometer bis Jausiers haben wir schnell hinter uns, dann wird es enger und holpriger. Jeden Kilometer steht ein neues Schild und zeigt an wie weit es noch nach oben ist. Das abendliche Licht beleuchtet die Felsen. Langsam zieht sich die Vegetation zurück. Autos sind um diese Zeit kaum mehr unterwegs. Wir passieren die Baumgrenze, kommen an den Resten der ehemaligen Militärunterkünfte von Restefond vorbei. Die Alm-Matten gehen in blanken Fels über. In einer Schleife zieht sich die Straße um die Cime de la Bonette, erreicht auf der Südseite mit 2802 Meter ihren höchsten Punkt. Die Sicht ist unbeschreiblich. Nur ein Wohnmobil steht noch hier oben. Wahrscheinlich will das französische Pärchen heute Nacht ganz oben übernachten. Ein kleiner Fußweg geht bis zur Cime de la Bonette, auf 2860 Meter Höhe hoch. Dort haben wir wirklich das Gefühl auf dem Dach der Alpen zu stehen. Das ist der Gipfel. Der alpine Höhepunkt. Hoch-Zeit. Zweimal war ich bereits mit dem Motorrad da, jedesmal war es kalt und neblig.

Die Täler liegen bereits im Dunkel, als wir uns endlich entschließen wieder nach unten zu fahren. Die tiefstehende Sonne wirft unseren Schatten auf die glühenden Felswände, der Asphalt gleißt im Licht. Wie im Rausch swingen wir nach unten.

Ein gediegenes Dreigänge-Menu im alten Kern von Barcelonette beschließt den Supertag. Am nächsten Morgen sind tat-

Col de la Moutière: teilgeschotterte Alternative zur Bonette-Südrampe

sächlich Wolken aufgezogen und als wir, diesmal mit beiden Maschinen, die Paßhöhe des Bonette erreichen versteckt sich dieser im Nebel.

Anstelle der geteerten Südabfahrt nehmen wir die kurz vor der Paßhöhe im spitzen Winkel nach rechts abzweigende Schotterstrecke über den Col de la Moutière.

Im Gegensatz zu früher ist die Paßstrecke mittlerweile gut ausgebaut. Der rutschige Schotter ist verschwunden. Wieder eine Alpenpiste weniger. Außer Murmeltieren treffen wir trotzdem keine anderen Verkehrsteilnehmer.

Über St. Etienne-de-Tinée und St. Sauveur nähern wir uns dem absoluten Tiefpunkt unserer Reise. Von ganz oben nach ganz unten in die Cians-Schluchten. Ihr rotes Porphyrgestein hat sie berühmt gemacht. Und natürlich ihre Enge. In der Grand Clue sind die Felswände so dicht aufeinander, daß kaum ein Spalt Himmel zu sehen ist. Leider mußte gerade der sehr reizvolle obere Teil der Schlucht diverse Modernisierungsmaßnahmen über sich ergehen lassen. Viele Engstellen auf der Straße sind gesperrt und durch Tunnels ersetzt werden. Noch stehen keine Schranken da, die das Befahren der alten, schönen Strecke verhindern.

Das Rot der Felsen hört so plötzlich auf, daß wir das Ge-

COL DE LA MOUTIÈRE (2454 METER)

ICH LASSE DEN BOXER OHNE MOTOR AUF DER ANDEREN SEITE HINUNTERROLLEN

fühl haben dem Maler wäre die Farbe ausgegangen. Braunlichweißes Gestein herrscht jetzt vor.

DALUIS-SCHLUCHT

Fünf Kilometer vor Entrevaux übernachten wir auf dem Bauernhof. Chambres d'Hôtes heißt bei den Franzosen das, was die Engländer als Bed & Breakfast bezeichnen. Wen Kuhglockengebimmel, Stubenfliegen und knarzende Fußböden nichts ausmachen, der ist in solchen Privatzimmern gut aufgehoben. Hier gibt es auch das echte französische Frühstück: Milchkaffee aus einer großen Schüssel ohne Henkel und Kuchen zum Eintunken. Entrevaux ist unbedingt einen abendlichen Besuch wert. Die ehemalige Festungsstadt sieht immer noch so aus wie im 18. Jahrhundert. Durch drei Zugbrücken und drei Tore gelangen Besucher in die Festungsstadt mit ihren engen Gassen. Ein Motorradmuseum soll es hier irgendwo geben, haben wir erfahren. Aber leider ist es geschlossen. 68 Exponate, Baujahre zwischen 1901 und 1968, sollen drinnen stehen. Wie der Besitzer sie durch die engen Gassen und über die vielen Stufen gebracht hat, ist uns schleierhaft. Angeblich macht das Museum mangels Besucher nur noch am Wochenende auf. Wer die Chance hat das Motorradmuseum zu besichtigen, soll uns bitte schreiben.

WIR HABEN WIRKLICH DAS GEFÜHL AUF DEM DACH DER ALPEN ZU STEHEN

Schluchtenflitzer: durch die Gorges du Cians

Die Daluis-Schluchten erkunden wir am nächsten Tag. Auch ihre Felsen sind rot, allerdings verläuft die Straße ganz oben mit atemberaubenden Blicken hinuter in das Tal der Var. Leider regnet es. Trotzdem ist es sinnvoll die Daluis-Schluchten von Süd nach Nord zu befahren. Der Gegenverkehr muß nämlich ständig durch Tunnels, wer nach Norden fährt, der tut das im Einbahnverkehr immer am Schluchtrand entlang. Kurz vor Guillaumes gibt es eine Bungee-Jump-Brücke über den Canyon, der Weg auf der anderen Seite führt eng und ohne Randbefestigung bis Guillaumes weiter. Der Regen wird schlimmer. In St. Martines-d'Entraumes biegen

Erfrischend: Dusche unterm Wasserfall

wir links zum Col des Champs ab. Rauf geht es noch ganz gut, doch runter zuckeln wir auf der schlechten Straße im Schritt-Tempo. Dichter Nebel erschwert die Sicht. Tiefe Wasser-Rinnen im Asphalt bremsen uns weiter aus. Am Col d'Allos kommen wir etwas schneller voran, obwohl der nasse und rutschige Asphalt immer wieder zu einer vorsichtigen Gashand mahnt.

Kurz vor Barcelonnette reißt der Himmel ein bißchen auf. Wir stärken uns im »Le Gaudissart«, einem Lokal, das besonders gerne von französischen Motorradheizern im Joe-Bar-Look besucht wird. Am Abend parken die Maschinen in Sichtweite vor der Kneipe.

Die Großwetterlage sieht schlecht aus. Für die Heimfahrt sind ergiebige Regenfälle gemeldet. Doch alleine der Blick, den wir von der Höhe des Bonette-Paßes aus hatten, gleicht die miese Heimfahrt aus.

COL DES CHAMPS (2095 METER) COL D'ALLOS (2240 METER)

DIE STRASSE VERLÄUFT GANZ OBEN, MIT ATEMBERAUBENDEN BLICKEN INS TAL

INFO FRANZÖSISCHE ALPEN

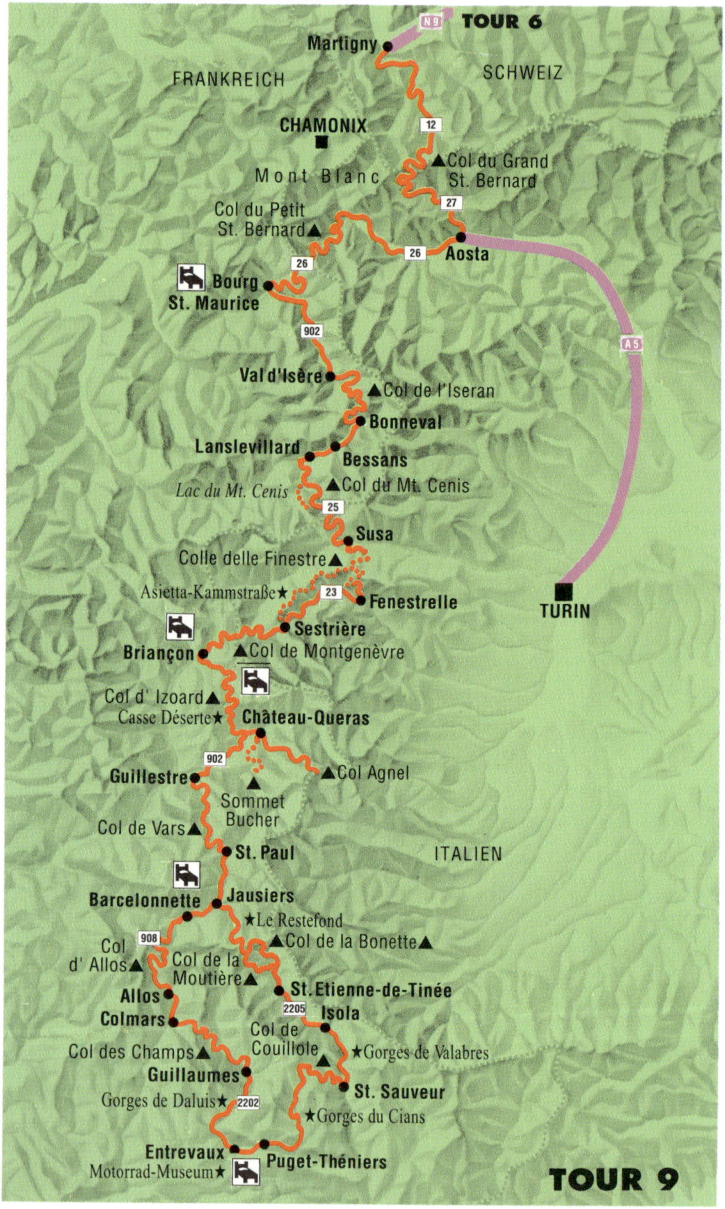

Gefahrene Strecke (einschließlich Abstecher): etwa 800 Kilometer

Karten:

Michelin, 1:200 000.
Blätter 74, 77 und 81, 6,80 Mark.
Michelin, 1:1 000 000, Blatt 989 Frankreich-Übersichtskarte, 12,80 Mark.

Route:

MARTIGNY – *Col du Grand St. Bernard (2 469 Meter)* – Aosta – *Col du Petit St. Bernard (2 188 Meter)* – Bourg-St. Maurice – D 902 – *Val d'Isère* – *Col de l'Iseran (2 770 Meter)* – Bonneval – Bessans – Lanslevillard – *Val Cenis* – *Col du Mont-Cenis (2 083 Meter)* – *Lac du Mont Cenis (südliche, ungeteerte Uferstraße)* – Molaretto – Susa – *Colle delle Finestre (2 176 Meter)* – Agnelli – Fenestrelle – Pragelato – Sestrière – Cesana Torinese – *Col de Montgenèvre (1850 Meter)* – Montgenèvre – Briançon – Cervieres – *Col d'Izoard (2 360 Meter)* – *Casse Deserte* – Arvieux – Châteaux-Queyras – *Abstecher: Col Agnel (2 744 Meter) und Sommet Bucher (2 257 Meter)* – Guillestre – Vars – *Col de Vars (2 109 Meter)* – St. Paul – Jausiers – Barcelonnette – Jausiers – Le Restefond – *Col de la Bonette (2 802 Meter)* – *Cime de la Bonette* – *Col de la Moutière (2 454 Meter)* – St. Dalmas-le-Selvage – Pont Haut – St. Etienne-de-Tinée – D 39 – Isola – *Gorges de Valabres* – St. Sauveur – Roubion – *Col de Couillole (1678 Meter)* – Beuil – *Gorges du Cians* – Puget-Theniers – Entrevaux – *Gorges de Daluis* – D 2202 – Guillaumes – St. Martin-d'Entraunes – *Col des Champs (2 095 Meter)* – Colmars – Allos – *Col d'Allos (2 240 Meter)* – Barcelonnette.

Briançon: höchste Stadt Europas

Übernachten:

● Chambres d'Hôtes,
chez Madame Gaydon,
Plan de Puget,
04320 Entrevaux,
Telefon: 0033/93/050691.
Bauernhof, fünf Kilometer östlich von Entrevaux. Bed & französisches Breakfast. Knarzende Böden und Landluft inklusive. Zimmer mit eigenem Bad.

●● Auberge de la Paix,
Cite Vauban,
3 rue Porte Meane,
05100 Briançon,
Telefon: 0033/92/213743;
Fax: 0033/92/204445.
Mitten in der historischen Altstadt von Briançon, Europas höchstgelegener Stadt. Garage ist fünf Minuten vom Hotel entfernt. Chefin fährt auf dem Sozius mit, um den Weg zu zeigen.

Kriegsschrott: Bunkerreste am Col de Restefond

●● Auberge Refuge Napoleon,
05100 Briançon,
Telefon: 0033/92/211742.
Kurz unter der Paßhöhe des Col de l'Izoard auf der Nordseite gelegen. Sehr ruhig. Beliebter Treff für Motorradfahrer aus Deutschland und der Schweiz. Sehr nette Wirtin. Gemütliche Atmosphäre.
Im Sommer von 15. Juni bis 30. September geöffnet.

●●● Hotel Azteca,
3 rue Francois Arnaud,
04400 Barcelonnette,
Telefon: 0033/92/814636;
Fax: 0033/92/814392.
Sehr schönes Hotel in der Innenstadt. Motorräder parken sicher, überdacht und kostenlos im abschließbaren Innenhof.

●●● Hotel l'Autantic,
Route d'Hauteville,
73700 Bourg-Saint-Maurice,
Telefon: 0033/79/070170;
Fax: 0033/79/075155.
Ganzjährig geöffnetes Hotel im Landhausstil. Garage für Motorräder kostet 20 Francs extra. Ruhige Lage, etwa zehn Minuten zu Fuß von der Innenstadt entfernt.

INFO FRANZÖSISCHE ALPEN

Übernachten am Col d'Izoard: im Refuge Napoleon

Adressen:

Französisches Fremdenverkehrsamt, Maison de la France, Sabine Perras, Westendstraße 47, 60325 Frankfurt/M., Telefon: 069/747091; Fax: 069/752187.

Extra-Tip:

Sonntags haben fast alle Tankstellen geschlossen. Die berühmten gelben Michelin-Landkarten im Maßstab 1:200000, übrigens die besten, die es gibt, kosten in Frankreich nur zehn Francs, also weniger als halb so viel wie in Deutschland.

ORGANISIERTE ALPENTOUREN

Wer Lust hat, in die Alpen zu fahren, aber keine Zeit für die Routenplanung findet, der schließt sich am besten einer organisierten Gruppe an.

Im folgenden die Veranstalter, die die meiste Berg-Erfahrung mitbringen:

In aller Offenheit: Picknick im Freien

Edelweiss Bike Travel veranstaltet seit 16 Jahren weltweit organisierte Touren. Der Chef, Werner Wachter, ist in Tirol zu Hause – Alpenfahrten finden sich nicht nur deshalb seit Jahren in seinem Programm. Er bietet Straßenfahrer-Reisen, solche mit gemischtem Publikum und reine Offroad-Touren. Immer fährt ein Begleitfahrzeug mit, um das Gepäck zu transportieren. Neu im Programm sind mittägliche Gourmet-Picknicks an landschaftlich reizvollen Plätzen.

Edelweiss Bike Travel,
Werner Wachter,
Steinreichweg 1,
A – 6414 Mieming/Tirol,
Telefon: 00 43/52 64/56 90;
Fax: 00 43/52 64/5 85 33.

Seit einigen Jahren hat Europas größte Motorradzeitschrift, MOTORRAD, eine eigene Veranstaltungsreihe unter dem Namen ACTION TEAM. Neben vielen Trainings, Treffen und Reisen, auch Touren durch die Alpen, für Straßenfahrer, Enduristen und Veteranenfreunde.

ACTION TEAM,
Redaktion MOTORRAD,
Leuschnerstraße 1,
70142 Stuttgart,
Telefon: 07 11/18 21/9 77.

Gruppendynamik: Gemeinsam gehts besser

Übernachten in den Alpen
Unter dem Namen »Motor Bike Hotels« haben sich einige motorradbegeisterte Hoteliers in Deutschland, der Schweiz, in Italien, Österreich und Frankreich zusammengeschlossen. Sie halten ausgearbeitete Tourenvorschläge für ihre Gäste bereit. Manchmal gehen sie sogar selbst mit auf Tour. Die Hotels liegen durchweg in gehobenen Preisregionen.

In Deutschland:
●●●● Romantik Hotel
Adler-Post
Hauptstraße 16
D-79822 Titisee-Neustadt
Telefon: 07651/5066;
Fax: 07651/3729.

●●● Hotel Landhof Meinl
Marbacher Straße 4
D-89233 Neu-Ulm/Reutti
Telefon: 0731/70520;
Fax: 0731/7052222.

●●● bis ●●●● Hotel
Waldsägmühle
D-72285 Pfalzgrafenweiler-Kälberbronn
Telefon: 07445/85150;
Fax: 07445/6750.

In Italien:
●●●● bis ●●●●● Hotel
Temlhof
Elvaserstraße 76
I-39042 Brixen
Telefon: 0039/472/836658;
Fax: 0039/472/835539.

In Österreich:
●● bis ●●● Hotel Auhof
Silvretta Hochalpenstraße
A-6555 Kappl 330
Telefon: 0043/5445/6311
Fax: 0043/5445/631133.

In der Schweiz:
●●●● Hotel du Parc
CH-1801 Mont-Pelerin
Telefon: 0041/21/9212322;
Fax: 0041/21/9235218.

●●●● Hotel La Perla
CH-6982 Lugano-Agno
Telefon: 0041/91/6053921;
Fax: 0041/91/6054039.

●●●● Hotel Eigerblick
CH-3818 Grindelwald
Telefon: 0041/36/545414;
Fax: 0041/36/534269.

In Frankreich:
●●● bis ●●●● Hotel Lion d'Or
15 Rue Principale
F-67290 La Petite-Pierre
Telefon: 0033/88/704506;
Fax: 0033/88/704556.

In den Alpen hat sich eine Gruppe von bikenden Gastwirten zur Motorradhotelkette »Moho« zusammengeschlossen. Vier Häuser liegen direkt an den im Buch beschriebenen Strecken und sind dort erwähnt: Hotel Cappella und Villa Sport-Klause bei der Nordtirol-Tour, Landhaus Jausern und Iselsberger Hof bei der Tour durch das Salzburger Land und Osttirol. Die anderen Mitglieder sind:

●● Hotel Solaria
Dr. Kressestraße 86
A-5562 Obertauern
Telefon: 0043/6456/7250
Fax: 0043/6456/7549
Die beiden Besitzer Werner und Christian Schmidt sind begeisterte Eigner und Fahrer von Africa Twin-Enduros. Sie geben Tourentips und haben 14 verschiedene Roadbook-Touren auf Asphalt und Schotter verfasst. Trockenraum mit speziellem Stiefeltrockner, Zimmer mit Bad/ Dusche/WC, Telefon, TV, Radio. Frühstücksbuffet, Sauna, Dampfbad, kostenlose Garage.

●● Motorrad-Pension
Gailtaler Hof
A-9641 Kötschach-Mauthen
Telefon: 0043/4715/318;
Fax: 0043/4715/8787
Jeden Tag ein Tourenvorschlag und wöchentlich eine geführte Tour mit den netten, motorradfahrenden Töchtern des Hauses. Swimming Pool, Motorradunterstellplatz, Biergarten, Zimmer mit Dusche/Bad/WC.

Pässe und Höhe-Punkte

Im folgenden sind die im Buch beschriebenen Pässe und Höhepunkte aufgelistet. Dahinter ist jeweils Platz für eigene Anmerkungen und Stempel, die es bei manchen Paßhöhen in den Hütten gibt.

		Arlbergpaß (1793 Meter)

VORARLBERG

Furkajoch (1761 Meter)	Silvretta Hochalpenstraße Bieler Höhe (2032 Meter)	Hochtannbergpaß (1676 Meter)
Spullersee (1840 Meter)	Formarinjoch (1871 Meter)	Flexen-Paß (1784 Meter)

ANHANG

NORDTIROL

Vergielbergstraße (2330 Meter)	Fimberalm (2122 Meter)	Kaunertaler Gletscherstraße (2750 Meter)
Piller Höhe (1558 Meter)	Hahntennjoch (1884 Meter)	Ötztaler Gletscherstraße Pitztaler Jöchl (2803 Meter)
Tiefenbachferner (2780 Meter)	Rofenhöfe (2014 Meter)	Timmelsjoch Nordtiroler Auffahrt (2483 Meter)
Kühtaisattel (2017 Meter)	Mutterbergalm (1728 Meter)	

OSTTIROL/SALZBURGER LAND

Zillertaler Höhenstraße	Alte Gerlos-Paßstraße (1507 Meter)	Großglockner Hochalpenstraße (2505 Meter)
Edelweißspitze (2571 Meter)	Franz-Josefs-Höhe (2369 Meter)	Mölltaler Gletscher-Panoramastraße
Pustertaler Höhenstraße	Volkzeiner Hütte (1886 Meter)	Kalser Glocknerstraße (1984 Meter)
Staller Sattel (2502 Meter)	Felbertauernstraße (1650 Meter)	Gerlospaß (1507 Meter)

ANHANG

SÜDTIROL

Penserjoch (2215 Meter)	Pfitscher Joch (2275 Meter)	Sandjöchl (2165 Meter)
Jaufenpaß (2099 Meter)	Timmelsjochstraße Südauffahrt (2483 Meter)	Reschenpaß (1504 Meter)
Stilfserjoch (2758 Meter)		

ANHANG

DOLOMITEN

Plosehütte (2246 Meter)	Halsl (1863 Meter)	Würzjoch (1987 Meter)
Grödner Joch (2121 Meter)	Sella-Joch (2213 Meter)	Pordoi-Joch (2239 Meter)
Passo di Campolongo (1875 Meter)	Passo di Fedaia (2056 Meter)	Col di Lana (2462 Meter)
Passo di Falzarego (2105 Meter)	Passo di Valparola (2192 Meter)	Passo di Giau (2233 Meter)

ANHANG

DOLOMITEN

Drei Zinnen (Tre Cime) (2320 Meter)	Sella Ciampigotto (1790 Meter)	Sella Razzo (1745 Meter)
Forcola di Lavardet (1542 Meter)	Sella Nevea (1189 Meter)	Predilpaß (1156 Meter)
Stella Lanza (1567 Meter)	Cima Sappada (1292 Meter)	Forcola Cibiana (1528 Meter)
Passo Duran (1605 Meter)	Passo di Rolle (1989 Meter)	Passo di Valles (2032 Meter)

DOLOMITEN

Karerpaß (1745 Meter)	Niger-Sattel (1688 Meter)	

ANHANG

GRAUBÜNDEN

Zervreilsee (1868 Meter)	Lukmanierpaß (1916 Meter)	Oberalppaß (2044 Meter)
Gotthardpaß (2108 Meter)	Passo del San Bernardino (2065 Meter)	Glaspaß (1846 Meter)
Splügenpaß (2113 Meter)	Passo di Maloja (1815 Meter)	Julierpaß (2284 Meter)
Albulapaß (2312 Meter)	Bernina-Paß (2328 Meter)	Forcola di Livigno (2315 Meter)

GRAUBÜNDEN

Umbrailpaß (2501 Meter)	Ofenpaß (2149 Meter)	Flüelapaß (2383 Meter)

ANHANG

TRENTINO/LOMBARDEI

Passo Torre di Fraele (1952 Meter)	Gaviapaß (2618 Meter)	Tonalepaß (1883 Meter)
Passo di Tremalzo (1665 Meter)	Passo di Croce Domini (1892 Meter)	Passo di Maniva (1644 Meter)
Passo Pian delle Fugazze (1162 Meter)	Passo di Sommo (1350 Meter)	Passo Manghen (2047 Meter)

ANHANG

SLOWENIEN

Predilpaß (1156 Meter)	Mangart-Hochplateau (2055 Meter)	Vrsic-Sattel (1611 Meter)

ANHANG

FRANZÖSISCHE ALPEN

Col du Grand St. Bernard (2469 Meter)	Col du Petit St. Bernard (2188 Meter)	Col de l'Iseran (2770 Meter)
Col du Mont-Cenis (2083 Meter)	Colle delle Finestre (2176 Meter)	Col de Montgenévre (1850 Meter)
Col d'Izoard (2360 Meter)	Col Agnel (2744 Meter)	Sommet Bucher (2257 Meter)
Col de Vars (2109 Meter)	Col de la Bonette (2802 Meter)	Col de la Moutiére (2454 Meter)

FRANZÖSISCHE ALPEN

Col de Couillole (1678 Meter)	Col des Champs (2095 Meter)	Col d'Allos (2240 Meter)

PANNEN-WÖRTERBUCH

Pannenwörterbuch Italienisch

Anlasser	Motorino d'avviamento
Antriebswelle	Albero di trasmissione
Auspuffrohr	Tubo di scarico
Benzinleitung	Tubo della benzina
Benzinpumpe	Pompa della benzina
Benzinfilter (im Tank)	Filtro della benzina (nel serbatoio)
Blinklicht	Lampeggiatore
Bremse	Freno
Bremslicht	Luce stop
Dichtung	Guarnizione
Drehzahlmesser	Contagiri
Einspritzsteuergerät	Centralina dell'iniezione
Felge	Cerchio ruota
Fußraste	Poggiapiedi
Fußschalthebel	Pedale del cambio
Gasgriff	Manopola dell'acceleratore
Getriebe	Cambio
Hauptständer	Cavalletto principale
Hinterrad	Ruota posteriore
Kickstarter	Pedivella d'avviamento
Kolben	Pistone
Kraftstofftank	Serbatoio del carburante
Kühler	Radiatore
Kupplung	Frizione
Kupplungshebel	Leva della frizione
Kurbelwelle	Albero motore
Lenker	Manubrio
Lichtmaschine	Alternatore
Luftfilter	Filtro dell'aria
Mutter	Dado
Nockenwelle	Albero a camme
Ölablaßschraube	Tappo di scarico olio
Ölfilter	Filtro dell' olio
Ölwechsel	Cambio dell' olio
Pleuel	Biella
Regler	Regolatore
Reifen	Pneumatico
Reifenpanne	Foratura
Reifenwechsel	Cambio dell' pneumatico
Reparatur	Riparazione
Rücklicht	Luce posteriore
Rückspiegel	Specchietto retrovisore
Schalldämpfer	Marmitta
Scheinwerfer	Faro
Schlauch	Tubo flessibile
Schlauchlosreifen	Pneumatico tubeless
Schraube	vite (klein), Bullone (groß)
Schwimmer	Galleggiante
Soziusfusraste	Poggiapiedi del passeggero
Stoßdämpfer	Ammortizzatore
Teleskopgabel	Forcella telescopia
Vergaser	Carburatore
Werkzeugkasten	Cassetta degli attrezzi
Zündkerze	Candela
Zündspule	Bobina d'accensione
Zündsteuergerät	Centralina dell'accensione
Zylinder	Cilindro
Zylinderkopf	Testata

PANNEN-WÖRTERBUCH

Wie komme ich zu dem Händler...	Come arrivo dal Concessionario...
Ich habe eine Panne mit dem Motorrad	Ho un guasto alla mia moto
Ich habe eine Reifenpanne mit meinem Motorrad	Ho forato un pneumatico della mia moto
Mein Motorrad springt nicht an	La mia moto non si avvia
Mein Motorrad springt schlecht an	La mia moto si avvia con difficoltà
Die Vorderrad-/Hinteradbremse funktioniert nicht	Il freno anteriore/posteriore non funziona
Geräusche/Klappern im 1. Getriebe, 2. Motor 3. Vorderradgabel, 4. Hinterrad-Antrieb	Rumorosità/battiti nel 1. cambio, 2. motore, 3. forcella anteriore, 4. trasmissione finale
Der Zünd-/Kofferschlüssel ist abgebrochen	La chiave d'accensione/delle valigie è rotta
Er steckt im Zünd-/Lenkungsschloß	E' infilata nella serratura d'accensione/ bloccasterzo
Ich habe die Motorrad-/Kofferschlüssel verloren	Ho perso la chiave della moto/delle valigie
Die Nummer meines Kofferschlüssels ist...	Il numero della mia chiave per le valigie è...
Wie teuer ist die Reparatur	Quanto costa la riparazione
Das Motorrad ist nicht mehr fahrtüchtig	La moto non va più
Können Sie mein Motorrad abschleppen	Può rimorchiare la mia moto
Motor/Getriebe/Telegabel/Tank ist undicht	Perdita (di tenuta) nel motore/cambio/ forcella telescopia/serbatoio

Pannenwörterbuch Französisch

Anlasser	Démarreur
Antriebswelle	Arbre de transmission
Auspuffrohr	Tuyau d'echappement
Benzinleitung	Conduite d'essence
Benzinpumpe	Pompe à essence
Benzinfilter (im Tank)	Filtre à essence (dans le réservoir)
Blinklicht	Clignotant
Bremse	Frein
Bremslicht	Feu-stop
Dichtung	Joint
Drehzahlmesser	Compte-tours
Einspritzsteuergerät	Commande d'injection
Felge	Jante
Fußraste	Repose-pied
Fußschalthebel	Sélecteur
Gasgriff	Poignée des gaz
Getriebe	Boîte de vitesses
Hauptständer	Béquille principale
Hinterrad	Roue arrière
Kickstarter	Kick-starter
Kolben	Pistons
Kraftstofftank	Réservoir d'essence
Kühler	Radiateur
Kupplung	Embrayage
Kupplungshebel	Levier d'embrayage
Kurbelwelle	Vilebrequin
Lenker	Guidon
Lichtmaschine	Alternateur
Luftfilter	Filtre à air
Mutter	Ecrou
Nockenwelle	Arbre à cames
Ölablaßschraube	Bouchon de vidange
Pleuel	Bielle
Regler	Régulateur
Reifen	Pneumatique
Reifenpanne	Crevaison
Reifenwechsel	Changement de pneumatique
Reparatur	Réparation
Rücklicht	Feu arrière
Rückspiegel	Rétroviseur
Schalldämpfer	Silencieux
Scheinwerfer	Projecteur
Schlauch	Chambre à air
Schlauchlosreifen	Pneu sans chambre à air
Schraube	Vis
Schwimmer	Flotteur
Soziusfußraste	Repose-pied passager
Stoßdämpfer	Amortisseur
Teleskopgabel	Fourche télescopique
Vergaser	Carburateur
Werkzeugkasten	Boîte à outils
Zündkerze	Bougie
Zündspule	Bobine d'allumage
Zylinder	Cylindre
Zylinderkopf	Culasse

PANNEN-WÖRTERBUCH

Wie komme ich zu dem Händler...	Comment puis-je me rendre chez le concessionnaire...
Ich habe eine Panne mit meinem Motorrad	Ma moto est en panne
Ich habe eine Reifenpanne mit meinem Motorrad	Ma moto a une crevaison
Mein Motorrad springt nicht an	Ma moto ne démarre pas
Mein Motorrad springt schlecht an	Ma moto démarre mal
Die Vorderrad-/Hinterradbremse funktioniert nicht	Le frein avant/arrière ne fonctionne pas
Geräusche/Klappern im 1. Getriebe, 2. Motor, 3. Vorderradgabel, 4. Hinterrad-Antrieb	Bruits/claquements dans 1. la boîte de vitesses, 2. le moteur, 3. la fourche de la roue avant, 4. l'entraînement de la roue arrière
Der Zünd-/Kofferschlüssel ist abgebrochen	La clé de contact/des valises est cassée.
Er steckt im Zünd-/Lenkungsschloß	Elle est coincée dans le contacteur-démarreur/ la serrure de la direction
Ich habe die Motorrad-/Kofferschlüssel verloren.	J'ai perdu la clé de ma moto/de mes valises
Die Nummer meines Kofferschlüssels ist...	Le numéro de la clé de mes valises est...
Wie teuer ist die Reparatur	Combien coûte la réparation
Das Motorrad ist nicht mehr fahrtüchtig	La moto ne marche plus
Können Sie mein Motorrad abschleppen	Pouvez-vous rémorquer ma moto
Motor/Getriebe/Telegabel/Tank ist undicht	Le moteur/la boîte de vitesses/la fourche télescopique/le réservoir a une fuite

Pannenwörterbuch Slowenisch

Anlasser	zaganjač
Antriebswelle	pogonska gred
Auspuffrohr	izpušna cev
Benzinleitung	cev za bencin
Benzinpumpe	črpalka za bencin
Benzinfilter (im Tank)	bencinski filter (v rezervoarju)
Blinklicht	utripalke
Bremse	zavora
Bremslicht	zavora luč
Dichtung	tesnilo
Drehzahlmesser	merilnik vrtljajev
Einspritzsteuergerät	računalik za vbrizg
Felge	platišče
Fußraste	naslon za nogo
Fußschalthebel	nožna ročica menjalnik
Gasgriff	ročica za plin
Getriebe	menjalnik
Hauptständer	glavno stojalo
Hinterrad	zadnje kolo
Kickstarter	nožin zagon motorja
Kolben	bat
Kraftstofftank	rezervoar za gorivo
Kühler	hladilnik
Kupplung	sklopka
Kupplungshebel	ročica sklopke
Kurbelwelle	motorna gred
Lenker	volan
Lichtmaschine	alternator
Luftfilter	zračni filter
Mutter	matica
Nockenwelle	odmična gred
Ölablaßschraube	vijak za izpust olja
Ölfilter	oljni filter
Ölwechsel	menjava olja
Pleuel	ojnica
Regler	regulator
Reifen	pnevmatica
Reifenpanne	gumi-defekt
Reifenwechsel	menjava pnevmatike
Reparatur	popravilo
Rücklicht	zadnja luč
Rückspiegel	vzvratno ogledalo
Schalldämpfer	glušnik
Scheinwerfer	žaromet
Schlauch	zracniča
Schlauchlosreifen	pnevmatica brez zraniče
Schraube	vijak
Schwimmer	plovec
Soziusfusraste	naslon za nogo sovoznika
Stoßdämpfer	blažilec
Teleskopgabel	teleskopska vilica
Vergaser	uplinjač
Werkzeugkasten	škatla z orodjem
Zündkerze	vžigalna svečica
Zündspule	vžigalna tuljava
Zündsteuergerät	računalik za vžig
Zylinder	valj
Zylinderkopf	glava valja

PANNEN-WÖRTERBUCH

Wie komme ich zu dem Händler...	Kako bi prišel do servisa...
Ich habe eine Panne mit dem Motorrad	Na motornem kolesu imam defekt
Ich habe eine Reifenpanne mit meinem Motorrad	Na motornem kolesu imam gumi-defekt
Mein Motorrad springt nicht an/ springt schlecht an	moje motorno kolo ne vžge/ slabo vžiga
Die Vorderrad-/Hinteradbremse funktioniert nicht	Prednja / zadnja zavora ne deluje
Geräusche/Klappern im 1. Getriebe, 2. Motor 3. Vorderradgabel, 4. Hinterrad-Antrieb	Sumi / ropotanje v 1. menjalniku, 2. motorju, 3. prednji vilici, 4. pogonu zadnjega kolesa
Der Zünd-/Kofferschlüssel ist abgebrochen	Zlomil se je ključ za vžig/ odklepanje kovčka
Er steckt im Zünd-/Lenkungsschloß	Ključ je ostal v ključavnici
Ich habe die Motorrad-/Kofferschlüssel verloren	Izgubil sem ključ od motornega kolesa-/ kovčka
Die Nummer meines Kofferschlüssels ist...	Stevilka ključa za odpiranje mojega kovčka je...
Wie teuer ist die Reparatur	Koliko stane popravilo?
Das Motorrad ist nicht mehr fahrtüchtig	Motorno kolo ni več v voznem stanju
Können Sie mein Motorrad abschleppen	Bi lahko moje motorno kolo odpeljali?
1. Motor/2. Getriebe/3. Telegabel/ 4. Tank ist undicht	1. Motor/2. menjalnik/3. Teleskopa vilica 4. rezervoar je netesen

Wir danken BMW für die Bereitstellung der Pannenwörterbücher.

GANZ SCHÖN UNTERWEGS

EDITION UNTERWEGS

Böckmann/Daams
Deutschland – Band 1
Zwischen Rhön und Ostfriesland, Niederrhein und Brocken.
192 Seiten, 138 Farb-Abb., 9 Karten, broschiert
DM 29,80/sFr 29,80/öS 218,–
Bestell-Nr. 01561

Dieter und Elke Loßkarn
Deutschland – Band 2
Der Süden Deutschlands von Mainfranken bis zum Donautal
192 Seiten, 130 Farb-Abb., 8 Karten, broschiert
DM 29,80/sFr 29,80/öS 218,–
Bestell-Nr. 01593

Dieter und Elke Loßkarn
Alpen – Band 2
Steiermark, Kärnten, Friaul Allgäu und die Schweiz.
176 Seiten, 116 Farb-Abb., 8 Karten, broschiert
DM 29,80/sFr 29,80/öS 218,–
Bestell-Nr. 01809

Josef Seitz
Skandinavien
Durch Dänemark, Schweden, Finnland und Norwegen.
200 Seiten, 117 Farb-Abb., 7 Karten, broschiert
DM 29,80/sFr 29,80/öS 218,–
Bestell-Nr. 01628

Dieter und Elke Loßkarn
Frankreich – Band 1
Die schönsten Touren im Norden und Nordwesten Frankreichs.
168 Seiten, 120 Farb-Abb., 7 Karten, broschiert
DM 29,80/sFr 29,80/öS 218,–
Bestell-Nr. 01739

Böckmann/Daams/Rüßkamp
Italien
Acht Routen in Italien – von den Alpen bis nach Sizilien.
216 Seiten, 142 Farb-Abb., 8 Karten, broschiert
DM 29,80/sFr 29,80/öS 218,–
Bestell-Nr. 01508

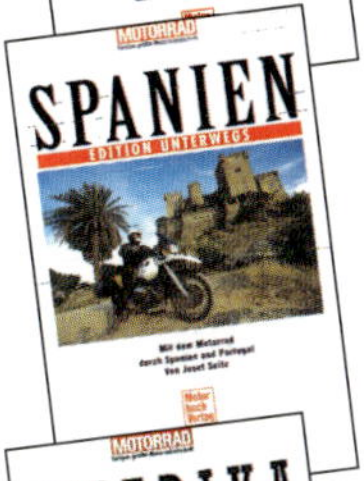

Josef Seitz
Spanien
Durch Spanien und Portugal auf traumhaften Routen.
176 Seiten, 109 Farb-Abb., 7 Karten, broschiert
DM 29,80/sFr 29,80/öS 218,–
Bestell-Nr. 01705

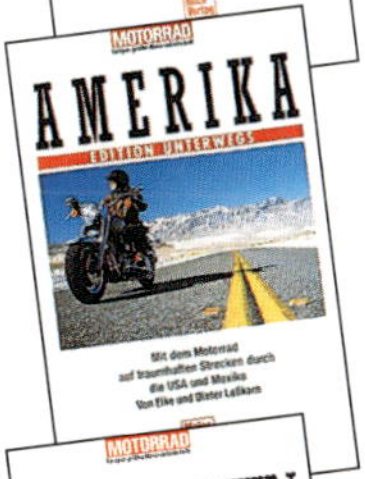

Dieter und Elke Loßkarn
Amerika
Durch den Mittelwesten, Florida, Texas, Kalifornien und Mexiko.
232 Seiten, 192 Abb., 183 Farb-Abb., broschiert
DM 29,80/sFr 29,80/öS 218,–
Bestell-Nr. 01472

Rolf Henniges
Australien
Abenteuerliche Motorradstrecken auf dem fünften Kontinent: 63000 Kilometer in 15 Monaten.
192 S., 120 Farb-Abb., brosch.
DM 29,80/sFr 29,80/öS 218,–
Bestell-Nr. 01776

Mathias Sedlarz
Angenehme Ruhe
Übernachten für Motorradfahrer in Deutschland, Österreich, der Schweiz, im Elsaß und Italien.
200 S., 12 Farb-Abb., broschiert
DM 29,80/sFr 29,80/öS 218,–
Bestell-Nr. 01663

Stand Juni 1997 – Änderungen in Preis und Lieferfähigkeit vorbehalten

Ihr Verlag für Motorrad-Bücher
Postfach 10 37 43 · 70032 Stuttgart
Telefon (0711) 210 80 65 · Telefax (0711) 210 80 70

Motor buch Verlag